DEMOCRACIA Y CONTROL DE CONSTITUCIONALIDAD

Guillermo Lousteau Heguy es Doctor en Ciencias Jurídicas, Licenciado en Filosofía y Abogado, Universidad de Buenos Aires. Ha cursado estudios de posgrado en la Universidad de Chile, en la Universidad Católica de Chile, en la Universidad Católica Argentina, en la Universidad Nacional de la Plata, en la Universidad de Madrid y en la Southern Methodist University (Dallas)

Ha sido profesor titular de la Universidad de Buenos Aires y en las Universidades Católica Argentina y del Salvador. Dictó cursos en George Washington University, en la Universidad Complutense de Madrid y en la Universidad Católica de Chile. Ha sido conferencista en universidades e instituciones de América y Europa.

Ha publicado *El pensamiento político hispanoamericano*, en varios tomos y *La revolución argentina*, en colaboración.

Actualmente es profesor en la Florida International University, donde dirigió la Maestría en Ciencias Políticas del Programa FLACSO-FIU.

Fue Rector de la Universidad del Neuquén, decano de la Facultad de Ciencias Políticas John F. Kennedy, y miembro del Consejo Directivo de la Facultad de Derecho de la Universidad de Buenos Aires.

Es miembro de la Academia del Plata, el Instituto de Cultura Hispánica y la American Political Science Association.

Actualmente, es presidente del Interamerican Institute for Democracy.

El principio básico sobre el cual se asienta la democracia es el de la regla de la mayoría. Mayoría que, hipotéticamente, se encuentra representada en el Poder Legislativo. Sin embargo, el sistema del control de constitucionalidad por parte de la Corte Suprema de Justicia, último intérprete de la Constitución y conformada por un reducido grupo de personas no elegidos por el pueblo, sin responsabilidad política y con cargos de por vida, puede invalidar legítimamente los actos de esa mayoría, lo que parece contradictorio con una interpretación democrática.

Democracia y control de constitucionalidad analiza los fundamentos filosóficos que orientaron la concreción de ese sistema de control —la Judicial Review— por parte de los creadores del sistema constitucional norteamericano.

DEMOCRACIA
Y CONTROL DE
CONSTITUCIONALIDAD

Los fundamentos filosóficos
de la *Judicial Review*

Tercera Edición

Guillermo Lousteau Heguy

ISBN: 978-1497530034

Portada: Constitución de los Estados Unidos de América
Fotografía del autor en la contraportada: Salvador Ten, 2009
Diseño: Alexandria Library

1ra, edición, 2000
2a. edición, 2009
3a. edición, 2014

Fondo Editorial del InterAmerican Institute for Democracy

2600 Douglas Road
Douglas Center, Suite 906
Coral Gables, FL 33134
Tel.: 786-888-4802
FAX: 305-631-6907
www.intdemocratic.org

A Marta
A la memoria de José Ignacio García Hamilton

PREFACIO A LA SEGUNDA EDICIÓN

Desde la publicación de la primera edición de este trabajo, he desarrollado dos cursos anuales en la Maestría de Ciencia Política de la Florida International University: uno, sobre el pensamiento político moderno y el otro, sobre las condiciones culturales del desarrollo económico, con el nombre de *Comparative Political Culture*, y que comprendía una comparación del mundo anglosajón con el de la América hispana, en el orden de la cultura y las ideas.

En este último curso, aún cuando este libro no era parte de la bibliografía, su tema central –la base filosófica del constitucionalismo- aparecía como un elemento claramente diferenciador entre las concepciones de la democracia y las instituciones entre esos dos mundos. En parte, por el desafío presentado por los participantes en el curso –algunos con gran experiencia política- y en parte, por la problemática bicultural esencial de la ciudad de Miami, el contraste entre una democracia institucional limitada por la constitución y una democracia llamada "popular", aparece con mucha fuerza.

Quizás haya que bucear con más profundidad todavía, para encontrar la explicación a esta diferencia de concepciones y creo que una primera aproximación, gira alrededor del concepto de *"the rule of law",* equívocamente traducido al español como "estado de derecho".

En concepto *"rule of law"* no puede ser separado del sistema sajón del *"common law"*; es decir, un sistema donde la ley y los principios vienen dados por la comunidad y son *reconocidos* por el juez, cuando los aplica. De esa manera, hay normas que provienen de la tradición y las costumbres (recogidas por los jueces), que no pueden ser violadas ni restringidas, ni siquiera por las asambleas legislativas. Entre ellas, las que consagran la libertad y la propiedad. Algo muy cercano al derecho espontáneo de von Hayek.

Por el contrario, bajo el concepto de "estado de derecho", esa limitación no aparece. Bastaría con obedecer las leyes surgidas del poder llamado legislativo para que estuviera configurado ese estado de derecho, aunque se encuentren vulnerados los valores relativos a los derechos individuales, como la libertad y la propiedad.

De lo que se trata, entonces, es de una falta de limitación a las facultades de legislar que se le atribuyen al Estado. De allí a otorgarle a una mayoría circunstancial el poder de reformar la constitución a su conveniencia, hay un paso solo.

La génesis del constitucionalismo de los Estados Unidos fue un fenómeno único e irrepetible, tanto por las ideas subyacentes como por las condiciones excepcionales en que se desarrolló. La Constitución se circunscribió a organizar un gobierno que respondiera a esas circunstancias, y limitándolo en sus facultades, mediante la división de los poderes. En su redacción original no se incluyó ninguna mención a los derechos individuales, por considerar, precisamente, que esos derechos ya estaban salvaguardados por el *"common law"*.

La mimesis institucional de los países de la América de habla hispana no contaba con esos fundamentos y, en consecuencia, la adopción de textos similares al americano, no obró de la misma manera ni surtió los mismos efectos, y a largo plazo llevó a un concepto de constitución totalmente alejado de esa concepción.

Una constitución modificable por mayorías circunstanciales sin respeto por las minorías, no responde a la legitimidad constitucional como el compromiso que es la base de la sociedad política.

Miami, Septiembre 11, 2009

PREFACIO A LA PRIMERA EDICIÓN

Durante los largos años en que enseñé Derecho Constitucional, el control de constitucionalidad por parte de los jueces, o *judicial review,* parecía una institución natural e indiscutible. Sólo cuando comencé a interesarme en la Filosofía, la legitimidad del sistema se constituyó en un problema. El primer comentario que lo presentó como tal, comentario de Eduardo Rivera López, me tomó por sorpresa y llamó mi atención sobre una posible incompatibilidad del control de constitucionalidad con los modelos de democracia.

Una buena y sencilla explicación de lo que es la Filosofía es describirla, para los no filósofos, como una pregunta permanente sobre los porqués de las cosas que nos parecen obvias, o por sus fundamentos.

Así, entonces, preguntarse cómo es posible que un pequeño grupo de personas no elegidas por el pueblo pueda invalidar las decisiones de un cuerpo que hipotéticamente representa la mayoría, se convirtió, para mí, en un problema digno de estudio.

Dentro de las diferentes facetas bajo las cuales encarar la legitimidad de una institución como ésa, la primera surgió de la diferencia entre las formas como ese control se instituyó en el constitucionalismo americano y en el sistema francés.

De allí que mi interés primero fuese analizar cuáles fueron las bases filosóficas que dieron origen a la creación de la *judicial review* tal como se articuló en los Estados Unidos, el país más exitoso en cuanto a su vigencia.

Dos etapas más justificarían estudios posteriores: analizar cómo los juristas se han planteado los límites a la facultad de los jueces en el ejercicio de ese control y, por último, discutir la compatibilidad del sistema con diferentes modelos de democracia. Son mis trabajos pendientes.

PRÓLOGO A LA PRIMERA EDICIÓN

Guillermo Lousteau Heguy incursiona en este libro en la filosofía política, luego de largos años de enseñanza del Derecho Constitucional, con un tema no siempre claramente advertido por los juristas.

Los ingredientes históricos, comparativos y teóricos de este trabajo forman un todo orgánico y van llevando al lector paso a paso desde su planteo hasta su conclusión, sin desatender, por otra parte, puntos de vista diferentes de los del autor ni la pluralidad de opiniones acerca de los problemas en estudio.

Es indudable, pese a ellos, que el libro en consideración no se limita a acumular citas de otros autores (imprescindibles para describir el estado de la cuestión), apuntalando, al contrario, la firme posición del autor a favor del control de constitucionalidad como un límite racional al voluntarismo democrático.

En tal sentido, que el poder derivado de las mayorías democráticas encuentre en la supremacía de la Constitución y en el instrumento que la sirve —el control de constitucionalidad de los actos de gobierno— una valla insuperable, coloca al autor en la venerable tradición de los regímenes mixtos.

He aquí, por lo tanto, una concepción que bien podría llamarse moderada de la democracia, no concebida como el poder absoluto de las mayorías, sino como la mezcla sabia del principio mayoritario con el principio de los derechos y las garantías constitucionales que protegen a las minorías, e inclusive a los individuos, contra los posibles desbordes de mayorías circunstanciales (toda mayoría es circunstancial) o de los gobiernos que dicen representarlas.

Lousteau Heguy se inclina en su tesis, por lo visto, por la tradición anglosajona y alberdiana, y no por la tradición de la democracia rousseauniana y jacobina. Es una paradoja de la teoría política que, para *optimizar* la presencia del pueblo en las democracias contemporáneas, lo peor que puede hacerse es *maximizarla*. Sólo la Constitución del constitucionalismo le da al pueblo todo el poder que puede tener evitando que, poniéndose al margen de ella, el populismo pretendidamente democrático de la tradición jacobina acabe arrebatándole incluso ese poder moderado que le acuerda la tradición contraria hasta revelar su verdadera faz: una dictadura que, hablando en nombre del pueblo, ha dejado de expresarlo.

La tesis del autor es altamente significativa, porque pone al descubierto la complejidad de la democracia. Si bien ella aspira todavía al ideal ateniense del mando directo del pueblo, deberá recorrer una serie de etapas para alcanzarlo, a partir de la tradición sólo al parecer opuesta de los regímenes mixtos que arrancó con la República Romana y aún gravita en las democracias constitucionales de nuestro tiempo. El avance hacia el ideal de la democracia directa ateniense se va logrando con infinito cuidado, paso por paso, como en el caso de las llamadas formas *semidirectas* de las democracias contemporáneas: el plebiscito, el referéndum, la iniciativa popular.

Si Atenas representó el ideal de la democracia en estado puro, la República Romana encarnó la democracia posible en cada época. Las democracias constitucionales contemporáneas contienen hoy más democracia que Roma, pero menos todavía que Atenas. Pero no se pueden quemar etapas de aquélla a ésta.

El trabajo de Lousteau Heguy apoya con sólidos fundamentos y argumentaciones el momento de esa evolución en la que hoy nos hallamos, convirtiéndose de este modo en una excelente introducción al análisis de la democracia contemporánea, con su delicada combinación entre los elementos doctrinarios, jurídicos y políticos que la componen.

Mariano Grondona

PRÓLOGO A LA SEGUNDA EDICIÓN

Este es un libro indispensable para comprender la democracia. Más que a los juristas, debiera interesar vivamente a quienes esten preocupados en el devenir de la democracia y en el desarrollo de su concepto.

Guillermo Lousteau, académico y profesor universitartio, tiene la enorme ventaja de conocer a fondo las instituciones jurídicas tanto desde la perspectiva "latina" como desde la estadounidense.

La obra forma parte de un importantísimo debate sobre la naturaleza del sistema político y jurídico que prevalece en Occidente desde la revolución norteamericana de 1776 y, especialmente, tras la redacción de la Constitución en Filadelfia. Su aporte consiste en una reconsideracion sobre el rol del control de constitucionalidad o *judicial review* como el elemento que se opone al concepto de democracia como un gobierno simplemente de mayorias.

El constitucionalismo americano nació en circunstancias excepcionales; circunstancias que obligaron a sus actores a bucear en todas las ideas disponibles para crear un gobierno que respondiera, no sólo a esas circunstancias, sino a la necesidad de garantizar que no volvieran a repetirse las condiciones y causas que habian provocado su exilio. La gran creación de esos hombres fue pensar una constitución que fuera el fundamento de la legitimidad de la sociedad que nacía y que respondiera a la necesidad de preservar las libertades individuales, ya que habían advertido que las mayorias podian ser tan opresoras como un tirano.

El sistema que crearon —al que llamaron república y no democracia- estableció claramente una limitación al gobierno (especialmente al federal), por la via de dos instituciones fundamentales: la separación de los poderes y el control de constitucionalidad.

Estos dos elementos —analizados en el libro— son los pilares en que se asentó el carácter limitado del gobierno. El control de constitucionalidad tiene sus fundamentos en ideas muy claras sobre el hombre y la sociedad, tal como Lousteau establece, y cuya dilucidación es imprescindible para comprender el verdadero sentido de la constitución como límite a las mayorías.

En efecto, si el objetivo de la Constitución era, fundamentalmente, delinear y limitar la nueva autoridad federal que sustituía a la Corona británica, e impedir los atropellos contra los individuos por parte del gobierno y de otros ciudadanos, ¿cómo conseguir que las leyes dictadas por el Congreso, los actos del Ejecutivo y las sentencias de los tribunales se ajustaran a esos propósitos originales de los primeros legisladores y se subordinaran al marco constitucional?.... Hacía falta un órgano supremo que velara por todo esto.

Ese rol, que no está claramente consignado en la Constitución, comenzó a desempeñarlo el Tribunal Supremo, lo que entrañaba un curioso rasgo de la República recién creada: la instancia más elevada del poder judicial, que no tenía el respaldo directo de los electores, y cuyos miembros muy difícilmente podían ser removidos de sus cargos, poseía atribuciones tan extraordinarias como negarles a los representantes del pueblo o al presidente del país la posibilidad de dictar ciertas reglas o de tomar decisiones "inconstitucionales", aunque esa fuera la voluntad de la mayoría. La Constitución, en cierta manera, era un valladar incluso contra la voluntad mayoritaria cuando esta atenta contra la libertad.

Estas reflexiones debieran ser motivo para repensar el concepto mismo de democracia y su funcionamiento en el mundo actual. De ello trata este libro y su análisis es perfectamente aplicable para comprender la situación actual de América Latina.

Tal como lo ha expresado Hayek, *"tal vez la palabra que más ha sufrido en este proceso de perdida de significado haya sido "democracia". El mayor abuso consiste en no aplicarla a un procedimiento para llegar a un acuerdo, sino de darle un contenido sustantivo… El verdadero valor de la democracia es servir como precaución para protegernos de cualquier abuso de poder"*

En una de sus actuales concepciones, entendida como meramente el gobierno de la mayoría, ilimitada, la democracia ha perdido gran parte de su capacidad de servir de proteccion contra el poder arbitrario. Parece inevitable que, si se mantiene esta condicion, el concepto mismo de democracia está destinado a desacreditarse en tal medida que, incluso, puede hacer problemática la legitimidad de las decisiones mayoritarias, porque surge de la falsa idea de que la mayoría es libre de hacer lo que quiera.

El concepto americano de un sistema limitado se contrapone claramente al sistema de la revolución fancesa, para la cual la soberanía popular era omnipotente. No es casual que, de esos dos modelos que nacen simultáneamente, uno se haya constituido en el régimen político más exitoso de la historia, y el otro —al margen de su aureola romántica- no haya podido consolidarse.

De todo esto trata este libro excepcional.

Carlos Alberto Montaner

I.
INTRODUCCIÓN

La supremacía de la Constitución por encima de las leyes es, posiblemente, la característica más importante del sistema constitucional. Esta supremacía implica que el Poder Legislativo, que es el representante del pueblo, está limitado por la Constitución y debe ajustar su acción a las prescripciones de ella. Como primera consecuencia de este hecho surge que la reforma constitucional exige un trámite dificultado, con requerimientos superiores a los de la legislación normal[1].

Esta limitación afecta, por un lado, a uno de los poderes del Gobierno, precisamente a aquel que representa al pueblo, y por el otro, a las generaciones presentes y futuras, que están parcialmente sometidas a las decisiones adoptadas por las generaciones anteriores, responsables del texto constitucional.

Llegado el momento del cotejo entre la ley y la Constitución, alguien ha de ser el responsable de garantizar el respeto a la norma constitucional y declarar la inconstitucionalidad de la norma[2], en su caso. A partir del fallo Marbury vs. Madison, la Corte Suprema de los EE.UU. se ha autoatribuido esta función. Las constituciones posteriores, explícitamente, han adoptado una figura similar, entre ellas la de la Argentina.

También la Constitución francesa adoptó una institución relativa al control de constitucionalidad, pero que difiere sustancialmente de la fórmula norteamericana.

De acuerdo con el mecanismo del control de constitucionalidad, la voluntad popular se encuentra sujeta a la interpretación que un organismo, sea una Corte Suprema o un Tribunal Constitucional, haga de la Constitu-

---

1 Este grado de dificultad puede darse en el procedimiento, en la persona a cargo de la reforma, en la materia a reformar o en el tiempo de la reforma.
2 Aun cuando por simplificación sigamos hablando de "inconstitucionalidad de la norma", el respeto a la Constitución se extiende también a los actos del Poder Ejecutivo, por un lado. Por el otro, en función del sistema legal, cualquier norma, decreto o acción puede ser declarada inconstitucional si se opone a una norma de nivel superior.

ción, y esta interpretación se impone no sólo al Poder Legislativo electo, sino a la opinión mayoritaria del pueblo.

En el paradigmático control constitucional por la Corte Suprema, un órgano constituido por un conjunto muy reducido de personas no electas, con cargos vitalicios y sin responsabilidad política, queda colocado por sobre la voluntad popular. Esta contradicción coloca a la figura del control de constitucionalidad *(judicial review)*, y con ella a la Justicia constitucional, en contraposición a las posibles figuras democráticas, poniendo en tensión entre sí a ambas instituciones.

a) Objeto del trabajo

El análisis de esta potencial contradicción (que hace a los derechos individuales y a la Constitución) atrae especialmente, tanto a la teoría política como a la filosofía política. Los teóricos de la política buscarían, según la distinción que ha hecho Waldron, la legitimidad de la supremacía constitucional contrapuesta a la democracia mayoritaria, mientras que los filósofos se abocarían a su justificación[3].

Los juristas también han encarado el estudio del control de constitucionalidad mediante el análisis de las facultades de interpretación de la Corte y sus alternativas, como una manera de limitar dichas facultades y suavizar esta contradicción. Pero más allá de este enfoque, meramente jurídico, importa el análisis de los fundamentos mismos de la justificación de esta figura institucional, que actúa, como ya se ha dicho, limitando a las mayorías presentes y a las generaciones posteriores. Para entender las instituciones y los instrumentos creados por la Constitución, no basta un simple enfoque jurídico: es imprescindible entender las premisas sobre las cuales actuaron los constituyentes. Es necesario detenerse en la literatura política de la época hasta lograr que esas premisas sean claras y explícitas.[4]

---

[3] Waldron, Jeremy: *Liberal Rights,* Cambridge University Press, 1998, págs. 392 y 403.

[4] Joel Barlow expresó en 1792 que lo que realmente separa a los libres de los oprimidos en el mundo es, simplemente, una forma de pensar, y esa forma de pensar es la única base para cualquier sistema político. Los hombres no se someten a un rey porque sea más fuerte o más sabio, sino porque creen que ha nacido para gobernar. Y así, los hombres han logrado la libertad y la igualdad porque pensaron que eran libres e iguales. Lo que los hombres creen es lo que cuenta, sea ello costumbre, familiaridad, cultura. En el

Los aspectos conflictivos de la alegada contradicción entre democracia y control de constitucionalidad son muchos. El objetivo de este trabajo se circunscribe a estudiar los fundamentos usados como justificación para crear ese control y las fuentes filosóficas sobre los que se basaron. No apunta a discutir la legitimidad (ni siquiera lo acertado de su justificación) del control de constitucionalidad. Es decir que en este trabajo no está en discusión el control judicial en sí mismo. No obstante, parece conveniente describir el estado actual de la cuestión planteada.

b) El estado de la cuestión

¿Por qué un marco constitucional, ratificado hace dos siglos, debe ejercer tan enorme poder sobre nuestras vidas actuales? ¿La revisión judicial, cuando está basada en una lealtad supersticiosa a la intención de sus creadores, es compatible con la ciudadanía popular? ¿Por qué solamente algunos de nuestros conciudadanos han sido facultados para impedir que se hagan enmiendas a la Constitución? Estas tres preguntas que se formula Stephen Holmes resumen el problema en forma muy clara[5] y, tal como se tratará más adelante, presentan las tres cuestiones que hacen al control de constitucionalidad:

a)   la oposición al principio de la mayoría,
b)   la limitación a las generaciones futuras y c) la titularidad del control.

Se trata de encontrar las bases que sirvieron para responder a estas tres cuestiones, de las cuales la más importante ha sido la primera. La discusión sobre la compatibilidad del control de constitucionalidad por parte de los jueces con la democracia gira sobre la cuestión que han formulado tanto los filósofos como los estudiosos de la teoría política: ¿cuál es la justificación para que un pequeño grupo de hombres pueda imponer su decisión sobre la mayoría, cuando es el gobierno de la mayoría lo que constituye la democracia?

Tal como lo ha expresado Holmes, es sorprendente que para un gran número de pensadores serios la democracia constitucional siga siendo una

---

análisis final fue el pensamiento americano de que los hombres son iguales en sus derechos lo que creó su revolución y sostuvo su libertad.

[5] Holmes, Stephen: "El precompromiso y la paradoja de la democracia", en *Constitucionalismo y democracia*, Fondo de Cultura Económica, México, 1999, pág. 218.

paradoja o, peor todavía, una contradicción en los términos[6]. La función básica de una constitución es separar ciertas decisiones del proceso democrático y, por eso, el vocablo *constitucionalismo* alude a los límites sobre las decisiones mayoritarias.

El problema de la mayoría estaba ya presente en los pensadores griegos. Aristóteles expresaba que el principio de que la multitud debe estar por encima de las minorías debe ser mantenido y, aunque no está libre de dificultades, contiene elementos verdaderos[7]. Platón mantenía reservas, cuando decía que puede ser un error aceptar que debemos considerar la opinión de la mayoría sobre lo justo e injusto, lo bueno y lo malo, lo honorable y lo deshonroso[8]. Aun en la democracia directa de Atenas, existió un antecedente de control de la ley. En Atenas había restricciones que podrían asimilarse al espíritu del constitucionalismo, donde un grupo de personas elegidas por la Asamblea tenía facultades para aprobar o rechazar la legislación nueva, e incluso castigar a quienes propusieran leyes incorrectas. Por eso, Kendall afirma que existe en la mayoría una cierta virtud, la cual le otorga el derecho de adoptar decisiones finales que afecten las decisiones del mundo antiguo[9].

La posibilidad de esta tensión es un elemento central del pensamiento político moderno, y apareció en plenitud hacia fines del siglo XVII y XVIII, cuando la práctica hizo evidentes las dificultades del gobierno de la mayoría. El problema teórico de Locke apareció efectivamente en 1776-1787 y dejó a la democracia constitucional como una paradoja o contradicción en los términos, aun para aquellos que niegan la identidad entre democracia y regla de la mayoría. En este aspecto, las tres cuestiones cons-

---

[6] Hume ya había marcado una contradicción en la teoría republicana misma: el contrato social supone el consentimiento de los padres para anular a sus hijos.

[7] *Aristóteles:* Politics, *The University of Chicago, 1952. vi.3 1318a:* "The principle that the multitude ought to be supreme rather than the few best is one that is maintained and thought not free from difficulty, yet seems to contain elements of truth".

[8] *Platón:* Grito, *The University of Chicago, 47.48:* "You begin in error when you advise that we should regard the opinion of the many about just and unjust, good and evil, honourable and dishonourable".

[9] Kendall, Willmoore: *John Locke and the doctrine of Majority-Rule,* University of Illinois, 1965. *"The proposition that there is resident in the majority a certain virtue which gives it the right to make final decisions affecting the statesmen of the ancient world".*

tituyen una unidad y, no importa en cuál de ellas se ponga el foco principal, las bases de una coinciden con las de las otras dos. Tal como Kendall ha observado, éste es un sentido del problema central tanto de la política moderna como de la teoría política moderna, un sentido en el cual una bibliografía completa del problema incluiría casi todo lo que se ha escrito en política desde 1789[10].

Hay dos grandes corrientes que dan una respuesta diferente a esta posible contradicción. La primera sostiene que la contradicción existe, y que crea una cesura casi insuperable entre *constitucionalismo y democracia,* tal como afirma Holmes. Esta confrontación ha sido y es todavía uno de los temas centrales del pensamiento político moderno. Holmes representa una de esas corrientes. Su conclusión, luego de formularse los interrogantes expresados, es que la tensión entre constitucionalismo y democracia se refleja en la "pugna entre los demócratas, para quienes la Constitución es un fastidio, y los constitucionalistas, para quienes la democracia es una amenaza"[11], y que le hace afirmar que el constitucionalismo es esencialmente antidemocrático. La función básica de una constitución, señala Holmes, es separar ciertas decisiones del proceso democrático, es decir, atar las manos de la comunidad.[12] Un fallo clásico del juez Robert Jackson, que afirmó: *"El propósito mismo de una Declaración de Derechos fue retirar ciertos temas de las vicisitudes de la controversia política para colocarlos fuera del alcance de mayorías y funcionarios, y establecerlos como principios jurídicos que serían aplicados por los tribunales"*[13], le da la perspectiva a Holmes para afirmar que "el constitucionalismo es esencialmente antidemocrático". Martin Shapiro se encuentra también entre quienes creen en esta diferencia, y para él no hay justificativo para limitar la decisión colectiva acerca del tipo de comunidad en que una sociedad quiere convertirse[14]. Cass R. Sunstein se ha agregado a la lista, al afirmar que *"las constituciones actúan como límites a la capacidad de gobernar de las mayorías; como es natural, se las*

---

[10]Idem, pág. 16: *"This is a sense in which it is the central problem both of modern politics and of modern political theory, a sense in which a complete bibliography of the problem would include almost everything that has been written about politics since 1789".*

[11] Cfr. Holmes, op. citada, pág. 219.

[12] Idem, pág. 218.

[13] West Virginia State Board of Education vs. Barnette, citado por Holmes.

[14] Shapiro, Martin, en su Introducción a *The Constitution of the United States and Related Documents,* Appleton, Nueva York, 1968.

considera antidemocráticas"[15]. Sin embargo, Sunstein hace una observación importante, porque ni democracia ni constitucionalismo son conceptos unívocos y, por lo tanto, ciertos tipos de democracia pueden ser o no compatibles con ciertos tipos de constitucionalismo. Una democracia pluralista, ejemplifica, no es compatible con el constitucionalismo, y menos todavía con un control judicial de constitucionalidad, pero no es el mismo caso para la compatibilidad de la Constitución con una democracia no pluralista. Posiblemente el ejemplo no sea satisfactorio, pero no puede negarse el acierto de exigir para el cotejo precisiones en cuanto a los diferentes tipos de constitución y de democracia. Es muy difícil realizar un análisis en abstracto, más cuando los teóricos políticos y filósofos han desarrollado valiosos estudios sobre tipologías de democracia.

Muchos críticos del constitucionalismo han basado sus posiciones en un punto especial: la oposición con el principio mayoritario, fundamento de la democracia entendida en sus términos generales. A su vez, otros encuentran especialmente irritante al control de constitucionalidad, en la medida en que la voluntad mayoritaria está coartada. Estas posiciones identifican a la democracia con el principio mayoritario. Sobre este aspecto es que Amy Gutman ha expresado que la democracia se identifica frecuente y estrechamente con la regla de la mayoría, agregando que la decisión mayoritaria es un medio presunto de regla democrática, pero pueda ser insuficiente[16]. Otro importante aporte sobre este conflicto específico proviene de Kendall, que advirtió la necesidad de diferenciar los sentidos en los cuales puede interpretarse el principio de la mayoría. Estos diversos sentidos son los siguientes: a) la regla por la cual los cuerpos adoptan sus decisiones; b) la teoría de acuerdo con la cual el poder político reside en la mayoría numérica del pueblo; c) la forma de gobierno, acorde con b.

Muchos de los problemas planteados por el control judicial de constitucionalidad derivan del carácter discrecional de la interpretación y no del

---

[15] Sunstein, Cass: "Constituciones y democracias: epílogo", en *Constitucionalismo y democracia*, FCE, México, 1999, pág. 344.

[16] Gutman, Amy: "Democracy" en *A Companion to Contemporary Political Philosophy*, Blackwell Publishers, Cambridge, 1995, pág. 411: *"Democracy is sometimes identified narrowly with majority rule... Majoritarian decision making be a pressumptive means of democratic rule but it cannot be a sufficient democratic standard"*.

problema intergeneracional causado por el hecho de que los creadores de la Constitución ya hayan muerto. Los textos constitucionales a menudo son abiertos, y el acto de interpretación, sumamente discrecional, conforme con Sunstein. Bajo este aspecto, los trabajos de Ely[17] y de Ferreres Comella[18] adquieren una importancia especial, porque estudian las corrientes doctrinarias sobre los sistemas interpretativos, al igual que lo ha hecho Dworkin.

Jeremy Waldron comparte las críticas hacia el control judicial de la supremacía constitucional. El principio de la mayoría debe ser respetado por el rol que cumple. Desde el punto de vista de Waldron, el sistema de la Constitución puede ser presentado como los términos de un contrato social basado en el consentimiento de todos, y por lo tanto, dentro de ese sistema y de acuerdo con esos términos, los desacuerdos políticos subsecuentes pueden ser resueltos por procedimientos, tales como el de la regla de la mayoría, aceptados por todos[19]. Waldron pasa del consenso de la unanimidad a la mayoría, el mismo paso que recorrió Locke. Se pregunta cuál es la justificación para permitir que un puñado de jueces pueda deliberar y anular una ley[20] y señala a continuación ciertos intentos de justificación, aunque los considera insatisfactorios. El primer intento ha sido justificar el control judicial de constitucionalidad, sosteniendo que los tribunales son un foro de *principios*. Es decir que los valores que definen el sentido de las decisiones judiciales son principios y, en consecuencia, sostienen y mantienen la importancia de los principios en el proceso político. Waldron alega que también los votantes y los legisladores son capaces de actuar sobre la base de principios, al igual que un juez. Un segundo intento de justificación cree que la revisión por una *tiny elite*, como es el Poder Judi-

---

[17] Ely, John Hart: *Democracy and Distrust: a theory of Judicial Review*, Harvard University Press, 1980.
[18] Ferreres Comella, Víctor: *Justicia Constitucional y democracia*, Centro de Estudios Políticos y Constitucionales, Madrid, 1977.
[19] Waldron, Jeremy, op citada, pág. 406: *"The Constitution framework can be presented as the terms of social contract based on the consent of all, and then, within the framework and according to those terms subsequent political disagreement can be resolved by procedures, such as majority rule, that are agreeable to anyone"*.
[20] Waldron, Jeremy, op, citada, pág. 392: *"What is the justification for allowing a handful of judges to second guest their deliberations and strike down their law?"*

cial, es conveniente para proteger los derechos individuales y de las minorías. Este intento queda anulado, dice Waldron, si se considera que lo que mueve a los legisladores es el bien común. Para admitir esta tesis, agrega, habría que sostener que los jueces son más sabios y entienden mejor el bien común que el pueblo y sus representantes.

La siguiente respuesta insatisfactoria apunta a los defectos del proceso democrático y representativo. El sistema electoral crea toda suerte de preocupaciones legítimas, tales como la corrupción política y la distancia entre la voluntad popular y su representación en las legislaturas; pero según el criterio de Waldron, el sistema judicial de control no es el remedio apropiado y, por el contrario, podría empeorar las cosas: un defecto no puede resolver otro. Un argumento adicional señala que, si bien la *judicial review* no aminora los defectos del proceso democrático, lo mantiene abierto y asegura que todos tienen acceso al foro público. Aun en este caso, Waldron la considera innecesaria: si los ciudadanos y sus representantes son capaces de considerar *principios* y ver más allá de su interés personal, están en condiciones también de enfrentar el problema de garantizar el proceso democrático. Esta posición de Waldron admite una salvedad, porque algunas acciones son tan erróneas que ni siquiera el principio de la mayoría puede legitimarlas[21].

La corriente contraria también es importante, y ha intentado demostrar que los frenos constitucionales pueden ser compatibles con la democracia, tal como lo afirma, entre otros, John Hart Ely. Ely ha sostenido que los frenos constitucionales, lejos de ser sistemáticamente antidemocráticos, pueden reforzar la democracia. El gobierno democrático, como toda creación humana, necesita reparación periódica, y para asegurar que se haga conservando sus requisitos es que la Corte Suprema ha recibido facultades. Dice Ely que desbloquear obstrucciones en el proceso democrático es acerca de lo cual trata, precisamente, el control constitucional[22]. Ackerman defiende la compatibilidad de la Constitución y la democracia a través de la

---

[21] Waldron, Jeremy, op. citada, pág. 403: *"Some actions are so wrong that not even the principle of majority rule can legitimate them"*.
[22] Ely, John Hart, pág. 117, *"Unblocking stoppages in the democratic process is what judicial review ought preeminently to be about"*.

formulación de su teoría del dualismo democrático[23], distinguiendo la existencia de dos clases de decisiones políticas que tienen una legitimidad diferente: las decisiones adoptadas por el pueblo mismo y las decisiones adoptadas por su representante, el gobierno. Las primeras ocurren raramente y son los llamados *momentos constitucionales*. Por oposición a estos momentos, las decisiones del gobierno ocurren diariamente y son los *momentos corrientes*[24]. Los representantes del pueblo no se pueden arrogar, dice Ackerman, la atribución de anular o invalidar, por el hecho de haber ganado una elección, las decisiones tomadas por el pueblo en los *momentos constitucionales*.

Cass Sunstein también cree que democracia y Constitución no se oponen necesariamente. Para determinar si ello es posible, hay que diferenciar los varios tipos de democracia y distinguir diferentes concepciones de constitución, sin lo cual no es razonable afirmar la contradicción.[25] Bobbio, por su parte, afirma que la separación de los poderes (base de la Constitución y el control de constitucionalidad) es *unión* y no desmembramiento, dado que cada poder responde a una realidad o grupo existente en la sociedad[26].

En el centro de esta discusión está ubicado el concepto de constitución relacionado con los tres aspectos señalados antes. Según Elster, el vocablo *constitucionalismo* alude a los límites sobre las decisiones mayoritarias, ya que las constituciones sirven a dos funciones superpuestas: la protección de los derechos individuales y la limitación a ciertos cambios políticos por parte de la mayoría. Una constitución delimita el poder y el eventual abuso de las mayorías[27]. Así, las constituciones condicionan el esquema institucional para las generaciones futuras y para el ejercicio de la mayoría circunstancial, y por eso su interpretación debe quedar fuera del pro-

---

[23] Ackerman, Bruce y Rosenkrantz, Carlos: *Tres conceptos de la democracia constitucional*, Centro de Estudios Constitucionales, Madrid, 1991.

[24] Esta descripción de Ackerman despierta reminiscencias de la teoría de Kuhn y su distinción entre períodos de desarrollo normal y períodos de desarrollo revolucionario de la ciencia.

[25] Sunstein, Cass, op. citada, pág. 344

[26] Bobbio, Norberto: *La teoría de las formas de gobierno en la historia del pensamiento político*, Fondo de Cultura Económica, México, 1996, pág. 105.

[27] Elster, Jon: *Constitucionalismo y democracia*, Fondo de Cultura Económica, México, 1999, pág. 18.

ceso político propiamente dicho. *"Si la mayoría pudiese interpretar,* dice Elster, *los estatutos que limitan su autoridad, sería irresistible la tentación de forzar la interpretación a su conveniencia"[28].* Y agrega que *"cada vez que no se dispone de procesos mecánicos* [de interpretación] *se vuelve esencial la revisión judicial. No es un hecho casual que el constitucionalismo esté estrechamente asociado con el Tribunal Supremo, aunque se debe enfatizar que los límites al gobierno mayoritario van más allá de la revisión judicial".*

Según Kendall, el elaborado sistema de *checks and balances* de la Constitución es una evidencia de que los constituyentes de Filadelfia estaban suficientemente advertidos de que la Historia ha contestado negativamente a cuestiones sobre la regla de la mayoría[29].

Ronald Dworkin es otro partícipe en esta discusión, con un importante aporte. En su último trabajo, *Freedoms law*[30], complementa sus tesis anteriores y sostiene que el control de constitucionalidad implica una lectura moral de la Constitución. La interpretación judicial requiere encontrar la mejor lectura y concepción posibles de los principios morales constitucionales. La importancia de la lectura moral como un principio regulador que limite las facultades de los jueces consiste en que, generalmente, afirmar la Constitución significa, para los jueces, decirle a la mayoría que no puede lograr lo que quiere[31]. Para Dworkin, el rechazo al control judicial de la Constitución se basa en una conexión entre democracia y voluntad de la mayoría, premisa que la historia americana ha rechazado de manera permanente. Una mejor interpretación de la democracia permite afirmar que la lectura moral que los jueces deben sostener no sólo no es antidemocrática, sino que es prácticamente indispensable para la democracia.[32] La regla

---

[28] Idem, pág. 37.

[29] Kendall, Willmoore, op. citada, pág. 15: *"Even the constitution-makers of Philadelphia were sufficiently aware of History's having posed a question about majority-rule to answer in the negative".*

[30] Dworkin, Ronald: *Freedoms law. The moral reading of the American Constitution,* Harvard University Press, Cambridge, 1996: *"Telling the majority that it cannot have what it wants".*

[31] Idem, pág. 5.

[32] La lectura moral consiste en afirmar que la Constitución dice lo que los constituyentes intentaron decir, y para ello, busca en la letra de su norma el principio moral subyacente. Esta regla de interpretación se opone *al originalismo,* que aplica la norma tal como está expresada y que puede significar una distorsión, por el cambio de las circunstancias pasadas.

de la mayoría no niega que los individuos tienen importantes derechos morales que la mayoría debe respetar, y esto es aceptado aun por aquellos que identifican democracia y regla mayoritaria. En los Estados Unidos, dice Dworkin, mucha gente que asume que la premisa de la mayoría declara la definición última y justificación de la democracia, acepta sin embargo que, en algunas ocasiones, la voluntad de la mayoría no debe imponerse[33]. Acorde con esto, la mayoría no siempre puede ser el juez final de cuándo su propio poder debe ser limitado para proteger derechos individuales, y acepta que algunas decisiones de la Corte Suprema que revocan normas legislativas son correctas[34].

También Jürgen Habermas participa del debate. Para su análisis, parte de un punto de vista *discourse-theoretic*, base de su teoría de la democracia comunicativa. La idea de un gobierno de las leyes requiere que el aparato del Estado se organice de manera tal que cualquier uso de cualquier poder esté legitimado por medio de leyes. Existe un poder comunicativo que se transforma en poder administrador, mediante la ley. Pero el intercambio entre ley y poder necesita apoyarse en la comunicación. Por otra parte, el derecho individual a la igualdad de oportunidades de participar en la formación democrática de la voluntad popular se combina con la práctica legalmente institucionalizada de la autodeterminación cívica. Este es el principio que articula el sistema de derechos con la construcción de una democracia constitucional, como soberanía popular.

La teoría del discurso permite una interpretación especial de esta soberanía popular. Para Habermas, esta interpretación lleva al principio de una total protección legal para los individuos, garantizados por un poder judicial independiente, y a que los principios estén sujetos a la ley y al control judicial de constitucionalidad. De esta forma, desde la teoría comunicativa,

---

[33] *Dworkin, Ronald, op. citada, pág. 16:* "In the United States, however, most people who assume that the majority premises states the ultimate definition and justification for democracy nevertheless accept that on some occasions the will of the majority should not govern".

[34] *Dworkin, Ronald, "The moral reading and the majoritarian premise", en* Deliberative democracy and Human Rights, *Yale University Press, 1989, pág. 94:* "Majority should not always be the final judge of when its own power should be limited to protect individual rights and they accepted that at least some of the Supreme Court decisions that overturned popular legislation were right".

en la soberanía popular todo poder político deriva del poder comunicativo de los ciudadanos, dentro de un procedimiento democrático preestablecido que es permitido por la representación parlamentaria. La voluntad política así formada apunta a la legislación, porque el sistema debe ser interpretado y desarrollado a través de la ley. Las funciones de creación y aplicación de la ley requieren que, por razones más pragmáticas que teóricas, sean separadas en cuerpos distintos. La más importante de esas razones es que ambas funciones tienen diferentes lógicas de argumentación. Esta diferencia se refleja en la forma comunicativa de los discursos de justificación (correspondiente a la legislatura) y de aplicación (correspondiente al Poder Judicial).

Habermas interpreta la *majority rule* como el método usado para decidir las cuestiones en los cuerpos colegiados, y que debe fundamentarse en la discusión competente de los temas en disputa. En esa forma podrían eliminarse las dudas de las minorías sobre la legitimidad de las decisiones adoptadas por la mayoría, porque el procedimiento les garantiza la posibilidad futura de modificar la decisión, si incrementan el número de adhesiones a su posición, mediante mejores argumentos. Por lo tanto, dice Habermas, la opinion disidente incluida en la decisión de la Corte Suprema, por ejemplo, significa registrar un argumento que, en casos similares, podría convencer a la mayoría futura de un panel de jueces. Y agrega luego que las decisiones de la mayoría están generalmente limitadas por los derechos básicos de protección de las minorías, porque en el ejercicio de su autonomía política, los ciudadanos no pueden violar el sistema de derechos que constituye primariamente su autonomía[35].

Bajo el título de "The Paradox of Constitutional Democracy", de su reciente libro *Brennan and Democracy,* Frank Michelman resume el problema de la teoría constitucional americana, agotada en la búsqueda de

---

[35]*Habermas, Jürgen:* Between facts and norms: *Contributions to a Discourse Theory of Law and Democracy,* The MIT Press, Cambridge, 1998, pág. 180. "Hence the dissenting opinion attached to the justification of a Supreme Court ruling, for example, is meant to record arguments that in similar cases might convince the majority of a future panel of judges". "Majority decisions are generally constrained by basic rights protecting the minority, for in exercise their political autonomy citizens must not violate the system of rights that first constitutes this autonomy". Esta posición pone de manifiesto la importancia del precedente en el sistema legal americano.

una armonía entre los que se consideran dos principios en conflicto: el ideal de un gobierno limitado por la ley (constitucionalismo) y el ideal de un gobierno ejercido por el pueblo (democracia)[36]. Pareciera que el hecho de que jueces no electos gobiernen el país, mediante el control sobre las leyes de un parlamento elegido por el pueblo, constituye un desprecio por la democracia. La explicación de Michelman es que democracia pareciera significar algo así como un autogobierno popular en un país que decide por sí el contenido de la ley que organiza y regula su asociación política[37], mientras que el constitucionalismo pareciera significar la limitación de una decisión política popular por una ley básica: la Constitución. Una parte esencial de la noción de *constitucionalismo* es que la ley básica debe ser intangible por la política de la mayoría que tiende a limitar[38]. Si estas dos definiciones se aproximan a lo que se entiende por *constitucionalismo* y por *democracia,* se torna evidente que el intento de reunir los dos principios en una concepción ideal de un orden político parece plantear un problema, según Michelman. Sin embargo, el principio básico del constitucionalismo requiere que, al menos, algunas reglas se coloquen más allá del alcance de la capacidad de una decisión democrática. La paradoja es más que una *dificultad y* sólo se puede resolver dudando sistemáticamente si la democracia constitucional es posible, en las palabras de Michelman. Para compatibilizar los términos habría que distinguir, afirma, entre dos variantes de democracia: una variante construye la democracia como atribuyendo al pueblo ciertos derechos legales específicos; la otra, la construye determinando los procedimientos mediante los cuales serán explicitados esos derechos

---

[36] Michelman, Frank: *Brennan and Democracy,* Princeton University Press, 1999, pág. 4: *"Harmony between what are usually heard as two clashing commitments: one to the ideal of government constrained by law* (constitutionalism); *the other to the ideal of government by act of the people* (democracy).

[37] *Idem, pág. 5:* "Democracy appears to mean something like this: popular political selfgovernment-the people of a country deciding for themselves the contents of the law that organize and regulate their political association".

[38] Idem, pág. 6, *"Constitutionalism appears to mean something like this: the containment of popular political decision-making by a basic law, the Constitution... It is, of course, an essential part of the notion of constitutionalism that the basic law must be untouchable by the majoritarian politics it is mean to contain".*

del pueblo. Ronald Dworkin sería para Michelman el abogado de la democracia como derechos; Robert Post, el de la democracia como procedimiento. En ambas posiciones, problemáticas y controversiales, se encuentra subyacente, dice, el problema de Rousseau: encontrar una forma de asociación política, un conjunto de acuerdos para legislar en el cual cada ser humano permanezca o se convierta en su propio gobernante.

La contradicción entre *constitución y democracia* es observada por Philip Pettit desde el republicanismo[39]. En una república ideal existe una necesidad de límites constitucionales y, por eso, debe considerarse la forma en que el poder de adoptar decisiones es controlado democráticamente en un estado republicano. Pettit cree que la razón de este requerimiento es que los instrumentos republicanos no pueden ser manipulados por los que ejercen el poder, y la clave de su concepción de un control democrático es que todo acto de un gobierno republicano debe ser *"effectively contestable by those affected"*. Se trata de diseñar instrumentos que impidan al máximo la manipulación por parte de los que ejercen el gobierno, para lo cual es esencial considerar las realidades empíricas, porque es imposible hacerlo sólo sobre bases filosóficas.

Pettit se concentra en tres condiciones que considera inevitables. La primera es que el sistema constituya un imperio de las leyes y no de los hombres[40]. La segunda es que los poderes legales deben distribuirse en diferentes cuerpos y la tercera, que las leyes deben poder resistir los embates de la voluntad de la mayoría. Las condiciones apuntan, respectivamente, al contenido de las leyes, a la acción diaria del gobierno y a la forma en que las leyes pueden ser modificadas, como una *counter-majoritarian condition*. De esta forma, resume, todas estas condiciones sirven para contrarrestar la voluntad de aquellos que están en el poder y hacen más difícil organizar el gobierno. Operan como limitaciones constitucionales formales y representan una creencia que podemos llamar constitucionalismo, que se encuentra allí donde hay medios establecidos

---

[39] Pettit, Philip: *Republicanism: A theory of Freedom and Government,* Oxford University Press, 1999.

[40] En la formulación de esta condición aparecen las ideas expuestas por James Harrington, en su "Oceana...".

de restringir la voluntad de los poderosos, aun si las restricciones no están incluidas en una constitución formal[41].

En la exposición del contenido de esas condiciones, Pettit desarrolla su idea del republicanismo. El imperio de la ley obliga a que ésta sea general, (aplicable a todos, incluyendo a los legisladores), conocida por todos y no ser retroactiva. La exigencia de estas condiciones tiene sus raíces en la más pura tradición republicana. La separación de los poderes, que asume la forma establecida en el siglo XVIII[42], es otra condición cara al republicanismo: la concentración no sería sino una forma de tiranía, acorde con Montesquieu y Madison. Si los legisladores deben ajustarse a ciertas leyes y principios, como la Constitución, es importante que quienes verifiquen esta condición no sean los legisladores mismos, afirma Pettit. Pero el principio de la dispersión del poder va más allá de la separación de las funciones legislativa, ejecutiva y judicial, y se vincula con la adopción de una forma mixta de gobierno, en la cual diferentes sectores son representados e investidos de poderes. La posibilidad de una mayoría imponiendo su voluntad a los otros es un anatema para el republicanismo[43]. A su vez, para hacer efectivo este resguardo, las leyes deben ser difíciles de ser cambiadas, lo que se plantea como la *condición contramayoritaria*. La mayoría no es en sí misma un criterio para considerar buenas a las leyes, y aun Maquiavelo pensaba que las leyes fueran modificadas de acuerdo a otras normas que ofrecieran un marco limitante y relativamente estable para ese cambio[44].

---

[41] *Pettit, Philip, op. citada, pág. 173: "All of these conditions serve to thwart the will of those who are in power; they make government more difficult to organize, not less. In this sense they operate like formal constitutional constraints and represent a belief in what we may call constitutionalism. We find constitutionalism in place wherever there are legally established ways of constraining the will of the powerful, even if the constraints are not recorded in a formal constitution".*

[42] Si bien es en el siglo XVIII cuando se formula en esta forma, la separación de los poderes fue un tema preponderante en la tradición republicana desde mucho antes, según Pettit.

[43] Esta idea separó a la actitud populista que inspiró la oposición antifederalista a la Constitución de 1787. Su entusiasmo por la democracia los llevó a traicionar *"the essential republican concern: the concern to ensure against arbitrariness in power, even against arbitrariness in the power of the people"* (Pettit, pág.180).

[44] Así, para promover la libertad, un sistema constitucional es imprescindible para Petit, pero se se necesita algo más que define como *contestability*, que sería la respuesta para superar la contradicción inicial. Una democracia que permita a cada afectado impug-

Sobre la base de este estado de la cuestión se han presentado los tres temas como interrogantes, referidos a la aplicación del principio mayoritario, a la sujeción de las generaciones futuras y al control constitucional como facultad del Poder Judicial. De lo que se trata, por lo tanto, es de determinar cuáles fueron los fundamentos filosóficos sobre los cuales pudo asentarse la *judicial review,* producto —a su vez— del concepto de la supremacía constitucional.

Como se dijo antes, la Revolución Francesa concibió también el control de constitucionalidad, pero a su manera, sustancialmente diferente del que rige en el sistema americano. Esta diferencia es importante para el análisis, dado que está sustentada en profundas divergencias de los fundamentos filosófico-políticos de las revoluciones norteamericanas y francesas, respectivamente. Precisamente, de la comparación entre ambos sistemas y del cotejo de las ideas que originaron esas diferencias pueden extraerse conclusiones válidas a la hora de determinar los fundamentos que hacen al control de constitucionalidad.

c) Desarrollo del trabajo

Un elemento imprescindible para el trabajo es, por lo tanto, la consideración de las ideas vigentes en los hombres que organizaron un cuerpo político con estas características, y la consideración de los problemas que enfrentaban y a los que buscaban solución. El estudio de esas ideas debe considerar especialmente la comparación entre los dos eventos contemporáneos entre sí, las revoluciones americana y francesa, distinguiendo las fuentes filosóficas que las nutrieron. Con ello se pretende demostrar que, pese a la aparente similitud entre los controles constitucionales americano y francés, las diferencias son mucho más grandes y responden, sin duda, a

---

nar la decisión mayoritaria y garantice su defensa. Coincidiendo con Shapiro, dice Pettit: "*...democracy may be understood, without unduly forcing intuitions, on a model that is primarily contestary rather than consensual. On Mis model, a government will be democratic, a government will represent a form of rule Mat is controlled by the people, to the extent that the people individually and collectively enjoy a permanent possibility of contesting what government decides*" (Pettit, op. citada, pág. 185). Su forma de democracia se aproxima a la democracia deliberativa de Habermas.

concepciones filosóficas dispares. La comparación contribuye a discernir los fundamentos filosóficos de la institución en cuestión.

El acento de este trabajo está puesto, de acuerdo con lo expuesto, en las ideas filosóficas de la revolución americana contrapuestas a las de la revolución francesa y a los pensadores que, tanto en una como en otra, fueron la fuente en la que se orientaron los revolucionarios en la búsqueda de instrumentos para solucionar los problemas que se les presentaban. Y por cierto, el punto de partida es describir estos problemas en sí mismos.

Es necesario un planteamiento previo: introducir el problema constitucional y el correlato de su supremacía, que se expone en el Capítulo II. El Capítulo III intenta describir el proceso que caracteriza a los sistemas constitucionales nacidos en América y en Francia y que se mantienen actualmente, para entender de qué manera funcionan ambos sistemas. Esta descripción tiene el carácter de una introducción al problema principal y su función, juntamente con el capítulo II, es precisar los términos de lo que se encuentra, específicamente, en discusión.

Ambos movimientos revolucionarios, el de las colonias americanas y el francés, tienen elementos comunes, propios del siglo XVIII, pero son más fuertes las diferencias en las circunstancias que enfrentan. Estas circunstancias (el espacio físico, la existencia de un régimen feudal, la cuestión social y el grado de desarrollo del Estado) juegan un papel trascendental en el camino que ambos pensamientos recorren. El capítulo IV analiza estos elementos diferenciadores.

El núcleo del trabajo comienza con el capítulo V, con "El pensamiento de la revolución americana". Se expone en ese capítulo el *estado de la cuestión* de las corrientes interpretativas sobre las ideas imperantes en la fundación política de los Estados Unidos y su estructura revolucionaria, tanto las más clásicas como algunas corrientes que señalan un origen menos ortodoxo. Las *fuentes ideológicas* son rastreadas en la literatura política que se encuentra en el debate que se produce alrededor de las instituciones creadas, especialmente en *El Federalista*. Las ideas de Locke, Montesquieu y Harrington son las más evidentes y, por eso, en el capítulo se expone una síntesis del pensamiento de los tres, en aquellos tópicos que hacen especialmente al objeto de este trabajo.

Esa base de pensamiento difiere del pensamiento francés, tal como sostiene la hipótesis inicial. En esta diversidad se originan las respectivas formas que adquieren ambos sistemas. Las diferencias más importantes se dan en cuatro temas (la naturaleza del hombre, igualdad y libertad, absolutismo y poder y autoridad), a los que se refiere el capítulo VI.

Estos cuatro temas le dan a la Constitución americana sus bases filosóficas y conforman su concepción del origen y fundación como la fuente de legitimidad, su necesidad de estabilizar la forma de gobierno y una creciente desconfianza hacia la mayoría. Estas bases son aquellas a las que se refiere el capítulo VII. El capítulo VIII trata de determinar el fundamento filosófico específico sobre el cual se sustenta el control de constitucionalidad americano, o *judicial review*, a través de la exposición de la doctrina de la separación de los poderes (tal como la concibieron los constituyentes americanos), y sus consecuencias naturales: la supremacía constitucional y el control de constitucionalidad por medio del Poder Judicial.

Finalmente, las Conclusiones debieran dar respuesta a los tres interrogantes formulados en esta introducción:

i) ¿Cuáles son los fundamentos que permiten contrariar el principio mayoritario?

ii) ¿Cuáles son los fundamentos que permiten limitar a las generaciones posteriores?

iii) ¿Cuáles son los fundamentos para depositar ese control en manos del Poder Judicial?

II

EL CONSTITUCIONALISMO. SUS CARACTERES

La época correspondiente al *constitucionalismo* abarca poco más de dos siglos. Existen antecedentes previos a esa fecha, como los numerosos fueros españoles (entre otros, León, 1020; Toledo, 1085; Burgos, 1073; Zaragoza, 1115 y el Ordenamiento de León o Pacto de Sobrarbe de 1188, considerado por López de Haro como el más claro de todos).

Suele citarse a la Carta Magna suscrita por Juan sin Tierra, en Inglaterra en el año 1215, como el primer antecedente. Si bien pudo no haber sido el primero, es el más importante de todos los antecedentes conocidos. Enumeraba libertades que eran otorgadas a perpetuidad y que serían transmitidas a sus descendientes. Muchas de las actuales garantías constitucionales están incluidas en esa enumeración, como, por ejemplo, la prohibición de contribuciones sin consenso, el *hábeas corpus* o el *due process of law.*

No obstante su importancia, la Carta Magna no puede ser considerada una auténtica constitución y el hecho de que se encuentre escrita no es un elemento decisivo, según Carl Schmitt. El sentido moderno de constitución le fue adjudicado sólo muy posteriormente, en el siglo XVII, cuando se la invocó por el Parlamento inglés contra los Estuardo.

En el camino hacia el constitucionalismo, el *Agreement of the people* fue otro paso importante. Fue elaborado por el Consejo de Guerra de Cromwell, en 1647, aunque no alcanzó a ser sancionado. Su importancia proviene del hecho de haber distinguido entre principios fundamentales y no fundamentales, correspondiendo aquellos a los que forman los derechos inalienables de la nación misma, a los que no puede afectar un Parlamento limitado. Por vez primera aparece una distinción entre los derechos del Parlamento y los derechos del pueblo, que será fundamental en el constitucionalismo. De ese *Agreement* no sancionado surgió el *Instrument of Government,* de 1653, que refleja el pensamiento de Cromwell sobre la conveniencia de un instrumento fundamental, escrito, permanente e inalterable, que limitara las facultades de las instituciones políticas. Este pensamiento de Cromwell lo muestra como un precursor del constitucionalismo anglosajón, que se plasmaría, sin embargo, en América y no en Inglaterra.

El final del siglo XVIII aportó un nuevo sentido, cuando las revoluciones americana y francesa introdujeron la constitución escrita como instrumento esencial de gobierno[45]. Los constitucionalistas suelen hacer coincidir el inicio del constitucionalismo moderno con la revolución norteamericana. Más precisamente, con la Constitución dictada en Filadelfia en 1787, porque a partir de esos hechos se alcanzan los caracteres propios del sistema constitucional moderno.

En su forma más clásica y tal como ocurre en la mayoría de los países modernos, la Constitución es un instrumento legal diferente de la legislación común emanada del Congreso. La proclama y sanción de la Constitución y su consideración como un acto fundamental y supremo, constituye una parte sustancial en el panorama del Derecho Constitucional. Como fundamental y suprema, la Constitución tiene validez legal y autoridad y este elemento de *autoridad suprema* de la Constitución es reforzado si el método de interpretación y el de enmienda están totalmente separados de la legislación ordinaria.

El derecho constitucional actual diferencia tres tipos de sistemas constitucionales vigentes: a) el sistema inglés, el más antiguo, caracterizado por la ausencia de una constitución escrita; b) el sistema denominado *continental,* que consta de una constitución escrita, pero cuya defensa no se encuentra en manos del aparato judicial (la Constitución francesa, por ejemplo) y c) el sistema americano, donde la Constitución escrita es sostenida por la capacidad del Poder Judicial para declarar inconstitucionales las leyes emanadas del Poder Legislativo.

El hecho de contar con un cuerpo único, escrito, que se interpreta como una ley fundamental, es uno de los caracteres básicos del constitucionalismo. Otros caracteres han sido más polémicos y se han enunciado

---

[45] Como se ha dicho antes, la Carta Magna ha sido siempre invocada como un antecedente, pero no participa del *constitucionalismo* propiamente dicho. En 1733, lord Bolingbroke había definido el término *constitución* pensando en Inglaterra, pero no alcanzó los elementos que caracterizan al concepto moderno.

diversos elementos reputados como esenciales. Para muchos constitucionalistas, la Constitución no es tal sin un contenido que se refiera a los derechos y garantías. Para ellos, la Constitución norteamericana se configura sólo con la incorporación del *Bill of Rights*, ratificada por los estados en 1791. Una corriente de pensamiento tradicional exige la existencia de algunas instituciones específicas en su contenido.

Por sobre este disenso, dos elementos parecen no admitir discusión en orden a considerar el concepto de Constitución. El primero se refiere a la separación de poderes. Para el pensamiento sajón, la mínima garantía individual estaba dada por la prohibición de reunir todas las funciones del Estado en una sola persona o institución. Sólo adjudicando las funciones del Estado a diferentes titulares, era posible diferenciar la creación de la ley —actividad básica de la potestad estatal— de su aplicación misma. Si bien esta separación se ha estructurado en formas muy diversas, todas ellas pueden ser aceptadas como pertenecientes a la lógica constitucional. Sin embargo, como veremos más adelante, las instituciones emanadas de formas de constitución diferentes resultan estructuradas también en formas diferentes, especialmente en lo que hace al control de su supremacía.

a) Supremacía de la Constitución

La idea sustantiva de la supremacía de la Constitución es la limitación de las facultades del Estado, que representa a mayorías circunstanciales.

Hay dos tipos de antecedentes que se vinculan a la idea de la limitación del soberano. El primero es la idea de los *derechos naturales*, la concepción de que existen derechos que se encuentran sobre el ordenamiento jurídico del Estado *(iusnaturalismo)*. El segundo es la autolimitación de las facultades del gobernante, ya sea por acuerdo entre gobernantes y gobernados o por carta concedida por el gobernante (la Carta Magna, por ejemplo).

En los regímenes constitucionales, la Constitución se encuentra por encima del sistema normativo. Todas las leyes son dictadas como consecuencia de la Constitución y deben, por lo tanto, ajustarse a sus prescripciones. Es decir que el Poder Legislativo, aunque representante de la mayoría del pueblo, está limitado en sus facultades por las normas y el espíritu de la Constitución. Adicionalmente, esta voluntad expresada en el momento de sanción de la Constitución (o ejercicio del poder constituyente) se mantiene y se extiende a través del tiempo, limitando la capacidad de decisión de las generaciones posteriores, sometida a prescripciones que no han sancionado ellas mismas.

Esta característica de la superioridad de la Constitución es lo que constituye lo esencial del llamado *constitucionalismo*. Sin considerar el contenido de una constitución, tema sobre el cual existen muy diferentes interpretaciones, lo que mantiene en vigencia a la Constitución, es el proceso que garantiza su superioridad.

La supremacía constitucional manifiesta la existencia de dos poderes distintos: aquel que sanciona la Constitución y aquel que dicta la legislación común, posterior a aquella. En términos generales, se llama *poder constituyente* al que dicta la Constitución y *poderes constituidos* a los que encuentran su origen precisamente en el texto sancionado[46].

El concepto de supremacía de la Constitución origina algunos conflictos (ya señalados), cuya solución ha sido intentada a través de diversas formulaciones.

a) La limitación de la mayoría. Un primer aspecto conflictivo surge con la prescripción del control recíproco entre los poderes del Estado y que el Poder Legislativo, representante de la mayoría, esté limitado por la Constitución. La separación de poderes y sus relaciones mutuas pueden adoptar formas múltiples. En la forma judicial del control de constitucionalidad, hay un conflicto inmediato con el principio mayoritario.

La sujeción de las generaciones posteriores. El segundo elemento de conflicto se refiere a la imposición de *decisiones* constitucionales, adoptadas por una generación *fundacional,* a las generaciones sucesivas, que limita la voluntad de éstas y, en consecuencia, su soberanía.

---

[46] El *poder constituyente* auténtico es el que dicta la Constitución primera, la que constituye el Estado. Es un poder *de facto,* dado que si encontrara su legitimidad en alguna norma anterior, el poder constituyente habría sido ejercido previamente por quien sancionó esta norma. Todos los poderes que encuentran su origen en la Constitución son *constituidos,* incluyendo el poder reformador. Este último tiene un carácter dual: por un lado, es *constituido* en la medida en que está previsto en la Constitución; pero de alguna manera se encuentra por encima de ésta, dado que tiene, aun dentro de los parámetros establecidos, la facultad de modificarla. Por eso se lo suele llamar *poder constituyente constituido* o *poder constituyente derivado* para diferenciarlo del auténtico poder constituyente, llamado, en ese caso, *originario*

La determinación del órgano adecuado. El tercer conflicto se plantea con el ejercicio de esta facultad. La aplicación de este principio debe estar en manos de algún órgano. A este ejercicio se lo denomina *control de constitucionalidad* (o *judicial review,* cuando es ejercido por el Poder Judicial, de acuerdo con el sistema norteamericano).

b) Control de constitucionalidad

¿Cuál es el fundamento de este control y cuál es la razón para que un organismo, cualquiera que sea, tenga el poder para imponerse a la voluntad mayoritaria expresada por un Poder Legislativo? ¿Por qué las generaciones futuras se encuentran limitadas y sometidas a decisiones de las que no participaron? ¿Por qué un órgano de pocos miembros, no electos ni representantes del pueblo, puede oponerse a la cláusula mayoritaria de las democracias e imponer su interpretación de la Constitución? Estas preguntas, ya formuladas en la Introducción, están directamente relacionadas con la naturaleza y las características de una constitución. Cuanto más elaborada la organización que la Constitución establece, mayores son las posibilidades de que contenga implicaciones que no han sido previstas ni asumidas. Tienden a ser documentos relativamente breves, cuyo mejor ejemplo está representado por la Constitución de los Estados Unidos[47].

Lo que me propongo es buscar las ideas que subyacen en la revolución americana, que fueron el fundamento del control judicial de constitucionalidad y que podrían dar respuesta a las preguntas. Para el análisis de este fundamento, me pareció importante señalar que existen dos grandes corrientes de articulación de este control: la norteamericana y la francesa. El primer modelo ha sido seguido por la casi totalidad de las constituciones de América latina. El francés, por el contrario, es un modelo continental típico, sobre el cual se han basado algunas de las constituciones europeas

---

[47] Esta Constitución tiene un doble aspecto que no se da en otros países, y que requería la consolidación de un control de constitucionalidad judicial: a) un aspecto común a todas las constituciones, que es su carácter de ley fundamental, y b) un aspecto que hace a su carácter de norma federal, que podría contraponerse a normas locales que se encuentran subordinadas a ella. Precisamente, muchos constitucionalistas sostienen que la facultad del Poder Judicial para declarar inconstitucionales a las leyes puede ser una consecuencia lógica de este carácter federal, si la Constitución le asigna a las leyes federales un status superior a las leyes estaduales o locales.

(aunque otras han seguido el modelo americano). Ambos sistemas presentan semejanzas y diferencias. Entender el origen de las diferencias puede ayudar a encontrar los fundamentos filosóficos de un mecanismo que incapacita a la mayoría para ir contra la Constitución, poniendo en dificultades a los modelos de democracia. El capítulo siguiente está dedicado a distinguir los dos sistemas del control de constitucionalidad.

III
DIFERENTES SISTEMAS CONSTITUCIONALES

Como hemos dicho, los sistemas norteamericanos y franceses, casi contemporáneos, establecen distinciones en la forma en que esta supremacía se ejercita. Ambos sistemas se originan en ideas divergentes, y por eso, son diferentes las bases para el desarrollo posterior de los fundamentos filosóficos del control de constitucionalidad. Establecer una comparación es necesario para precisar los conceptos originales y analizar el pensamiento que subyace en esos conceptos[48].

a) El régimen norteamericano en su origen

La Constitución de los Estados Unidos tiene una modalidad que le es característica: no enuncia grandes principios generales en la materia, sino que sus postulados son concretos y específicos. La letra de 1787 se limitó a describir facultades y poderes; el ejercicio de las instituciones que creó han sido construcciones e interpretaciones posteriores. Así surge, por ejemplo, el sistema de *checks and balances* que limita —vertical y horizontalmente— las atribuciones de los tres poderes creados por la Constitución y que constituye una auténtica separación de poderes.

El primer atisbo del principio de supremacía de la Constitución surge del artículo VI, aunque de manera indirecta. Expresa: *"This Constitution, and the Laws of the United States which shall be* made in Pursuance thereof... *shall be*

---

[48] Como curiosidad bibliográfica pero representativa de las ideas del siglo XIX, vale la pena la lectura de un libro publicado en Buenos Aires en 1866. Se trata de *Estudios sobre la Constitución de los Estados Unidos,* que contiene la versión taquigráfica de un curso de Derecho Constitucional comparado dictado en París por Edouard Laboulaye, en 1864. Laboulaye comparó en dicho curso los dos sistemas constitucionales, asignándole al norteamericano mucho mayores méritos y ventajas que al francés.

the supreme Law of the Land; and the judges in every State shall be bound thereby, any-thing in the Constitution or Laws of any State to the contrary notwithstanding"⁴⁹.

Un importante paso en la dirección tendiente a afirmar esta supremacía está dada por la enmienda de 1791, que establece la prohibición al Congreso de legislar sobre ciertas materias: *"Congress shall make no law respecting an establishment of religion, or prohibiting the free exercise thereof; or abridging the freedom of speech, or of the press, or the right of the people peaceable, to assemble, and to petition the Government for a redress of grievances"⁵⁰*. De esta manera, de forma explícita, se establecen limitaciones a las mayor-ías posteriores, representadas por las legislaturas respectivas, para adoptar decisiones sobre las materias determinadas. Las diversas enmiendas de 1791 otorgan *materia* a la *forma* constitucional de la letra de 1787, y así, las prescripciones ya no se refieren sólo a procesos sino también a conteni-dos, agregando un nuevo ingrediente al constitucionalismo.

A partir de la enmienda, la Constitución, que está por encima de las le-yes, establece materias vedadas a las decisiones futuras. Sin embargo, nada en la Constitución determina qué organismo se encuentra a cargo de la función de preservar su vigencia. Este desarrollo teórico fue completado por la Corte Suprema de Justicia[51]. El argumento a favor de un poder su-premo de interpretación judicial ha sido expresado por Marshall, en el caso *Marbury vs. Madison[52],* quien, en 1803, explicitó esa supremacía, esta-

---

[49] "Esta Constitución, y las leyes de los Estados Unidos dictadas en su cumplimien-to... son las leyes supremas del país, y los jueces de cada estado están obligados por ellas, no importa lo establecido en contrario en las constituciones o leyes de cualquier estado" (T. del autor). Esta fórmula trata a la Constitución y a las leyes como una unidad, si bien establece que éstas son dictadas en cumplimiento de aquéllas. Ver Art. VI, en *The Constitution of the United States of America,* Barnes and Noble, Nueva York, 1995.

[50] "El Congreso no sancionará leyes respecto al establecimiento de religión alguna, o prohibiendo su libre ejercicio, o limitando la libertad de expresión, o de la prensa o sobre el derecho del pueblo de reunirse pacíficamente y de peticionar al Gobierno la reparación de injusticias (T. del autor). Idem, Amendment I.

[51] Para algunos estudiosos, la teoría de Hamilton era suficiente y a Marshall sólo le quedaba explicitarla y aplicarla (cfr. Gustavo R. Velasco, Prólogo a *El Federalista,* FCE, México, 1957). Otros, como Wood, creen que fue necesaria, además, la elabora-ción judicial del siglo XIX.

[52] Fallos, 5 US, 137, 176-180, 1803.

bleciendo que las normas de la Constitución están por encima de actos de la Administración o de las leyes del Congreso y le reservó a la Suprema Corte[53] la facultad de invalidar leyes.

Esta doctrina, conocida como *judicial review* o control de constitucionalidad, es el rasgo más característico del sistema constitucional norteamericano, que los americanos han aceptado como doctrina válida y sin discusión. Todos los debates sobre el fallo son considerados materia de desarrollo histórico, pero, salvo pocas excepciones, no se han discutido las bases lógicas expuestas por Marshall y compartidas por los otros miembros de la Suprema Corte. La concepción del poder de control de la Constitución expuesta en este fallo está asentada sobre teorías vigentes en el período colonial, tales como la soberanía popular, los derechos naturales, el concepto de ley suprema y las limitaciones del Poder Legislativo.

Esa facultad del Poder Judicial ha sido recogida por las posteriores constituciones de América, incluyendo la Argentina, que la asentaron en sus textos[54], como un cimiento a la profunda convicción de que la función de interpretación puede ser más confiable si se entrega al Poder Judicial. Así, desde el principio, la Constitución limitó a las generaciones venideras y esa vigilancia quedó en manos del Poder Judicial.

b) Desarrollos posteriores

El desarrollo posterior del constitucionalismo norteamericano ha confirmado sostenidamente la creación del juez Marshall. El Poder Judicial, para declarar inconstitucional a las leyes, domina al Derecho Constitucional, que es visualizado como una rama de la jurisprudencia de la misma corte. Los tratados de Derecho Constitucional son dedicados principalmente al análisis de las decisiones judiciales, usadas por los estudios académicos y profesionales de la ley bajo la forma de *cases*.

El principio de la separación de poderes provoca generalmente problemas de constitucionalidad en conexión con la delegación de los poderes

---

[53] Cfr. Pritchett, C. Herman: *La Constitución Americana*, TEA, Buenos Aires, 1965, pág. 64.

[54] Las discusiones se han abocado a determinar cómo se lleva a cabo ese control, los límites a la interpretación, pero no sobre la titularidad del Poder Judicial.

legislativos y de la independencia del Poder Judicial[55]. Es paradójico que los otros dos poderes, y especialmente el Congreso, discutan sus propias facultades y funciones sobre la base de las decisiones judiciales y las interpretaciones de la Corte Suprema, a las que acuden para su propia interpretación y adecuada aplicación. Un factor que hace más aceptable y razonable este carácter judicial de la interpretación constitucional ha sido que, como norma general, los temas controvertidos políticamente han sido mantenidos fuera de los tribunales[56].

Sobre la base del artículo VI, *Marbury* ha establecido un paradigma del control judicial de la constitucionalidad de las leyes que le permite no aplicar las leyes contrarias a la Constitución. Según ese sistema, esa facultad le corresponde a *cualquier juez*, y no a una instancia judicial especial, aunque por supuesto, la última palabra le corresponde a la Suprema Corte. De allí, la famosa frase del juez Holmes: "La Constitución dice lo que los jueces dicen que dice".

Esta facultad judicial está limitada por ciertos parámetros. Por ejemplo, debe ser ejercida sólo frente a casos concretos, donde haya una controversia litigiosa judicial; debe haber un daño a un interés inmediato y legítimo. La decisión judicial de la ley constitucional americana opera a través de litigios civiles o criminales, donde la validez de la legislación no es el tema principal, sino meramente un elemento más, y en los cuales se discute si una ley invocada por cualquiera de las partes es nula o no válida. La posibilidad de forzar la determinación de una cuestión de constitucionalidad por iniciativa privada es una de las más notables características del sistema americano de derecho constitucional y es considerado como una garantía a favor de los ciudadanos. Por otra parte, una corte no adopta una decisión sobre la constitucionalidad de una ley si el caso puede ser resuelto sin esa declaración.

---

[55] No es casual que el caso *Marbury vs Madison* esté referido precisamente al conflicto entre las facultades del Poder Judicial y las del Congreso.
[56] Un conflicto real entre el Congreso y la Suprema Corte es mucho más parecido a un conflicto de política que a un conflicto legal. Una decisión judicial de inconstitucionalidad representa una acción política a través de métodos judiciales, pero gran parte de su prestigio consiste en ignorar, por consentimiento mutuo, la naturaleza política del proceso.

No es inusual que el deseo y los sentimientos de la comunidad se opongan y desaprueben las decisiones adoptadas por el Poder Judicial contra actos de gobierno. Algunas veces la nulificación judicial de leyes ha causado resentimiento popular, pero ha existido siempre un consentimiento sustancial en cuanto al ejercicio del poder de la Corte. La importancia de esta institución ha sido reconocida y convertida en piedra angular del sistema americano y, según Hannah Arendt, ha sido, si no el único, el más importante aporte del Derecho Constitucional americano. Y un punto muy importante es constatar que ha permitido conducir el gobierno por más de dos siglos, tanto en la guerra como en la paz, y obtener una singular estabilidad institucional, sin haber recurrido a las figuras de *actos de Estado* o a los poderes excepcionales de un Estado de *emergencia* para suspender la Constitución.

c) El régimen francés

El punto de partida de Francia fue otro. La Constitución de 1793 tiene un contenido sustancial: suma a los problemas de forma y procedimiento la declaración de los derechos del hombre que reputa intangibles, cosa que los EE.UU. consagraron recién en su enmienda de 1791 (si bien aparecen anticipados en la declaración del Preámbulo).

Para el pensamiento francés, un pueblo libre debía tener una ley fundamental que fuera la expresión de la voluntad de la nación. La necesidad política de una constitución escrita respondía a tres creencias básicas: a) superioridad evidente de la ley escrita sobre la costumbre; b) una constitución escrita representaba una verdadera renovación del contrato social y c) una constitución redactada sistemáticamente y con claridad era un valioso instrumento de educación política.

Hay afirmaciones importantes en esta línea del pensamiento francés. Todas ellas son producto de su tendencia a los enunciados teóricos, abstractos, a diferencia del pensamiento sajón, como bien ha destacado Edmund Burke.

Uno de los más notables de los principios enumerados se encuentra en el decreto de 1792 *("Qu'il ne peut y avoir de Constitution que celle qui est ac-*

ceptée par le people")[57]. Pero a través de todo el contenido de la Constitución de 1793 se consagra la intangibilidad de los derechos del hombre y el disfrute de los mismos, para cuya garantía se ha instituido el Gobierno. La ley no es sino la expresión libre y solemne de la voluntad general y debe proteger la libertad pública e individual contra la opresión de los gobernantes, como también el derecho de propiedad[58], la resistencia a la opresión, etcétera. El artículo 122 *("De la Garantie des Droits')* manifiesta que *"La Constitution garantit a tous les Francais l'egalité, la liberté, la surete, la proprieté, la dette publique, le libre exercise des cultes, une instruction commune, des secours publics, la liberté indefinie de la presse, le droit de petition, le droit de se reunir en societes populaires, la jouissance de tous les Droits de l'homme*[59].

Siguiendo la elaboración teórica de Siéyes, la Constitución francesa declaró que la soberanía reside en el pueblo, que comprende a la universalidad de los ciudadanos franceses. La soberanía es una, indivisible e inalienable.

La concepción de la soberanía como única no fue obstáculo para que la revolución, acorde con una mentalidad rupturista, se negara a limitar a las generaciones futuras *"un people a toujours le droit de revoir, de reformer et de changer sa Constitution. Une generation ne peut assujettir à ses lois les generations futures"*[60].

La Constitución de 1791 previó la existencia de un Tribunal de Casación, que debía pronunciarse sobre la violación de las formas y sobre las contravenciones expresas a la ley. Es decir, se pronuncia sobre transgresiones a la ley, especialmente por parte de sentencias judiciales dictadas en contra de lo normado, pero no tiene facultades para invalidar leyes que se

---

[57] No puede haber más constitución que aquella aceptada por el pueblo". Décret du 21 septembre 1792, en Les Constitutions de la France, pág. 79.

[58] Constitution du 24 Juin, 1793, op. cit. Arts. 4, 9 y 16.

[59] "La Constitución garantiza a todos los franceses la igualdad, la libertad, la seguridad, la propiedad, la deuda pública, el libre ejercicio de cultos, la instrucción común, el auxilio público, la libertad ilimitada de la prensa, el derecho de petición, el derecho de reunión en asociaciones populares, el disfrute de todos los derechos del hombre" (T. del autor), op. cit., pág. 91.

[60] Op. cit., art. 28. "El pueblo tiene siempre el derecho de revisar, de reformar y de cambiar su Constitución. Una generación no puede someter a sus leyes a las generaciones futuras (T. del autor).

opongan a las disposiciones constitucionales. El Tribunal aparece más como un protector de las leyes que como un guardián de la Constitución.

El sistema constitucional francés tuvo mayores cambios que el americano, cambios reflejados en las constituciones de la IV y la V República. La Constitución de 1958, correspondiente a la V República, regula un Consejo Constitucional, que debe pronunciarse sobre la conformidad de las leyes con la Constitución[61]. La actual constitución francesa establece un Consejo Constitucional en su artículo 56. Este Consejo está compuesto, al igual que lo ordenaba la Constitución de 1958, por los ex presidentes de la República y nueve miembros elegidos *ad hoc,* con un mandato de 9 años.

Tanto en el sistema americano como en el francés, existe un órgano encargado de cuidar la subordinación de las leyes a las prescripciones constitucionales. No obstante, la forma que prescribe el sistema francés es tan limitada en cuanto al rol de los ciudadanos y al proceso, que tampoco originó resistencias populares en cuanto a la supremacía del orden constitucional. En función de las ideas predominantes en la Francia revolucionaria, legadas a las generaciones siguientes, un sistema como el americano no podría haber perdurado o tan siquiera haberse establecido.

Como se ha dicho, el punto para analizar es la diferencia entre ambos, que se encuentra ya en el origen filosófico de las constituciones americana y francesa, y que se refleja en la comparación del pensamiento político de la revolución americana con la Revolución Francesa.

d) Caracteres diferenciales

Al describir ambos sistemas de control de constitucionalidad, han quedado expuestas las formas en que ambos operan. Un resumen de las diferencias señala:

El sistema americano es un sistema *judicial* de control constitucional de las leyes. Significa que es ejercido por los jueces, con independencia del poder político, y que adopta la forma de una sentencia adecuada al *due process of law.* El sistema francés es un sistema político y no judicial, ya que no le otorga al Poder Judicial la facultad de revisar la adecuación de las leyes a la Constitución, sino que lo otorga a un Consejo Constitucional,

---

[61] Constitución de la República Francesa de 1958, art. 61, en *Leyes Constitucionales,* Taurus, Madrid, 1959, pág. 243.

compuesto en forma mixta por nueve miembros políticos[62], carácter que reside tanto en la forma de su elección como en el modo en que funciona. Son elegidos por tiempo determinado y carecen de independencia.

La *judicial review* se ejerce en forma totalmente descentralizada. La facultad de declarar la inconstitucionalidad de las leyes no es exclusiva de la Corte Suprema, sino que le corresponde a cualquier miembro del Poder Judicial, no importa su asiento físico, su ámbito jurisdiccional o su jerarquía. El sistema francés es centralizado: existe una sola instancia, un solo órgano que está facultado para declarar esa inconstitucionalidad: el Consejo Constitucional.

En el sistema americano, la declaración recae sobre una ley existente, una norma aprobada por el Poder Legislativo. Es una declaración posterior a la sanción de la ley. En Francia, funciona de manera inversa: el Consejo se pronuncia con carácter previo a la promulgación o dictado de la ley.

En los EE.UU., cualquier ciudadano con interés legítimo, que se sienta afectado en sus derechos, está en condiciones de solicitar al juez la declaración de inconstitucionalidad de una ley vigente. No existe un derecho con esa amplitud en Francia. La facultad de poner en funcionamiento al Consejo Constitucional le está reservada sólo a cuatro funcionarios políticos. Solamente el presidente de la República, el primer ministro o el presidente de cada una de las Cámaras del Poder Legislativo están habilitados para elevar al Consejo un proyecto de ley en consulta.

La forma de declaración de la inconstitucionalidad de una ley por un juez norteamericano tiene la forma de una sentencia y debe adecuarse al *due process of law,* con intervención de las partes involucradas. El Consejo Constitucional francés no está obligado a celebrar audiencias públicas; ni siquiera existen partes con carácter de interesados directos.

La declaración de inconstitucionalidad de una ley del Congreso norteamericano debe realizarse frente a la existencia de un caso concreto, planteado en un litigio judicial. Este litigio judicial es un requisito fundamental e imprescindible en el sistema americano. El sistema francés no

---

[62] Tres de los miembros son nominados por el presidente, tres por el presidente de la Asamblea Nacional y tres por el presidente del Senado. Estos miembros duran nueve años en sus funciones, y a ellos se les agregan los ex presidentes de la República, que mantienen su cargo en forma vitalicia.

requiere ni de juicio ni de caso concreto. Es abstracto, planteado como paso previo a la sanción de la ley.

7) La validez de la declaración de inconstitucionalidad por los jueces americanos está restringida sólo al caso concreto que se debate y sólo a ese caso, que se constituye en un *leading case*. Para hacerlo aplicable a otros casos, debe producirse la misma declaración en cada uno de los casos en cuestión, donde la sentencia de inconstitucionalidad declarada en el *leading case* sirve como *precedente jurisprudencial*. Cuando el Consejo francés declara la inconstitucionalidad de la ley sometida a su control, la decisión tiene aplicación universal, para todos los casos posibles, dado que es la ley misma la que no tiene validez ni vigencia.

Como se ve, si bien tanto el constitucionalismo norteamericano como el francés asumieron la supremacía de la Constitución como un elemento fundamental de sus respectivos sistemas, adquieren formas distintas. Las características señaladas reflejan esas diferencias, que no son casuales ni accidentales. Por el contrario, responden a concepciones de filosofía política subyacente en el pensamiento colonial, por un lado, y por el otro, en el pensamiento francés y que, como fue dicho, provienen de las circunstancias históricas, políticas y sociales que fundamentaron de manera sustancialmente divergente a la revolución norteamericana y a la Revolución Francesa.

CARACTERÍSTICAS DIFERENCIALES (CUADRO COMPARATIVO)

	Sistema norteamericano	*Sistema francés*
Sistema de control	*Descentralizado*	*Centralizado*
	Igualitario	*Jerárquico*
Oportunidad	Posterior a la ley	Previa a la sanción
La inicia	Cualquier ciudadano	Funcionarios autorizados
Carácter	Judicial	Político
Forma	Caso litigioso concreto	Abstracta
Validez	Específica y única	Universal

IV
LAS REVOLUCIONES DEL SIGLO XVIII

Aunque aparentemente sea una paradoja, el constitucionalismo moderno tiene un origen revolucionario, tanto en su versión americana como francesa. Origen que también es observado por Hobsbawn, quien en un trabajo muy reciente afirma que "el gobierno constitucional" es parte de la tradición revolucionaria[63]. Y es paradójico sólo aparentemente, porque la paradoja se resuelve con la diferenciación entre poder constituyente y poder constituido, distinción percibida por Siéyes y que permite encontrar respuesta a muchos otros dilemas, como se verá más adelante. Baste recordar ahora que siempre el origen de una constitución es revolucionario, dictado por un poder que no se encuentra sujeto a normas legales previas: un poder *de facto*[64]. Si no fuera así, ese poder obtendría su legitimidad jurídica en un orden legal sancionado por un poder anterior, que sería el verdadero poder constituyente[65].

Lo que está en juego en ese origen, entonces, y tal como se ve en los casos de América y de Francia, es el concepto de revolución.

La revolución es el fenómeno político más importante de la Edad Moderna. La forma como se la conoció en el siglo XVIII no tiene ningún antecedente y significó el origen del constitucionalismo moderno. Los elementos integrantes de una revolución se perciben de maneras diferentes. Se la percibe, por ejemplo, como una guerra, especialmente con la que se ha llamado guerra de liberación; otras veces, queda unida e identificada con la violencia, una violencia que la sitúa al margen de la estructura política.

Uno de los problemas para entender la época de la Constitución es la necesidad de apreciar lo distintivo de la cultura política en la cual operó.

---

[63] Hobsbawn, Eric: *Entrevista sobre el siglo XXI*, Crítica, 2000.
[64] Cfr. Lousteau Heguy, Guillermo: *El sistema constitucional argentino*, Ediciones Depalma, Buenos Aires, 1966.
[65] Si una constitución es producto de una reforma, no constituye un ejercicio de poder constituyente. El poder reformador que obtiene su legitimidad de las normas de una constitución previa no es poder constituyente, sino meramente reformador.

Aun cuando el vocabulario del período parezca familiar, el sentido que tienen las palabras no siempre lo es, y términos como *libertad, democracia y republicanismo* no pueden aplicarse intemporalmente. Entre 1776, año de la revolución, y 1787, año de la redacción de la Constitución, encuentra Wood una transformación fundamental en la cultura política en América. Una forma de entender mejor el uso de los términos es prescindir de la valoración positiva que tienen en la actualidad y verlos sólo en su significado técnico, en el sentido que mostraban en su época.

"El significado de nuestra palabra revolución no es de ninguna manera unívoco", dice Koselleck. Y agrega más adelante: *"Una revolución significaba, originalmente, y de acuerdo con el sentido literal, un movimiento circular* [66]. Era precisamente ese sentido circular el que estaba referido a *revolución* como cambio de gobierno, y así se lo entendía desde Aristóteles. Sólo existía un número limitado de formas de gobierno, que se reemplazaban y sustituían por turnos. Dado que el número era limitado, todo vuelve a comenzar. Para describir este fenómeno circular de cambio de constituciones, el siglo XVIII adoptó el concepto de *revolución,* con una tonalidad natural que derivó directamente de la revolución del curso de las estrellas (tal como Copérnico tituló su obra sobre los cuerpos celestes y sus movimientos circulares, *De revolutionibus orbium caelestium).* De allí se trasladó a la política.

Si bien es cierto que toda revolución implica una ruptura, mediante un acto inicial de rebelión y violencia, su éxito consiste en la consolidación de un sistema estable y nuevo. Un poder constituyente es legítimo si, y sólo si, es capaz de imponerse y obtener el consenso de los afectados. La consolidación es propia de la revolución; pero como implica un *final de la revolución,* parece una contradicción, por lo cual muchas veces la consolidación ha sido atribuida a fuerzas contrarrevolucionarias[67]. Esta forma de visualizar la consolidación como contrarrevolucionaria atenta contra el reconocimiento del carácter fundacional como elemento esencial de las revoluciones. Sin embargo, es compatible con la visión de la revolución como

---

[66] Koselleck, Reinhart: *Futuro pasado*, Paidós, Barcelona, 1993, pág. 69.
[67] Esta confrontación entre consolidación y fines revolucionarios es un tema crucial en ambas revoluciones, tanto en la mente de Jefferson como en la de Robespierre.

algo circular, de regreso al inicio, tal como vio Hobbes a la revolución inglesa de 1640[68].

Desde el punto de vista que aquí interesa, la revolución se liga al problema del *origen,* al que siempre se vincula. Por eso, en materia constitucional, la revolución es un origen, referido directamente al concepto básico de poder constituyente, concepto reforzado a menudo con el redundante adjetivo de *originario* o *fundador.* Un simple cambio, una *mutatio rerum romana,* no es una revolución, como dice Arendt, ni tampoco se asemeja a las luchas civiles griegas. Una revolución vuelve a la sociedad a un estado que se visualiza como de *naturaleza,* a una etapa prepolítica. De acuerdo con esta afirmación, es imposible dejar de relacionar a una revolución con aquello con lo que se encamina a romper: la autoridad de un cuerpo político existente[69].

Estas características comunes a las revoluciones las encontramos tanto en la que se produce en América como en la que se lleva a cabo en París. Son parte de las similitudes y relaciones necesarias en ambos movimientos. Existen también interrelaciones que ambos movimientos ejercieron recíprocamente entre sí, facilitadas por su contemporaneidad y el intercambio de ideas y pensadores de uno y otro lado. Muchas de estas relaciones mutuas han sido magnificadas; algunas son menos importantes de lo que se cree y otras, que se reputan evidentes, disminuyen su peso con un análisis más profundo. Las evoluciones posteriores y las consecuencias divergentes de las dos revoluciones necesitan una explicación que se detenga más en las diferencias de circunstancias e ideas que en sus posibles caracteres comunes.

Las causas enumeradas de estas diferencias se encuentran en dos categorías. Una categoría corresponde a las circunstancias históricas, políticas y sociales en que se mueven las sociedades colonial americana y la sociedad francesa de fines del siglo XVIII; la otra categoría comprende al con-

---

[68] Hobbes, Thomas: *Behemoth,* Tecnos, Madrid, 1992, pág. 198.
[69] Con mucha claridad, Hannah Arendt ha invertido la ecuación comúnmente sostenida de que la revolución es la causa de la caída de la autoridad política. Más bien es lo contrario, dice: según evidencia la historia, la revolución es la consecuencia de la impotencia de la autoridad política, porque ninguna revolución es posible cuando el cuerpo político afirma su vigencia (cfr. *Sobre la revolución,* Alianza Editorial, Madrid, 1992). Esta afirmación hace legítimas a las revoluciones, de acuerdo con teorías contractualistas, entre ellas las de Francisco Suárez.

junto de ideas que imperaban y condicionaban el pensamiento mismo de esas sociedades, respectivamente.

a) Las circunstancias revolucionarias

Bajo esta categoría se analizan las circunstancias que hacen a la conformación, desde su origen, tanto del constitucionalismo norteamericano como del francés. Es evidente que, desde el punto de vista histórico, político, social y hasta geográfico, el escenario en que los dos procesos se despliegan es fundamentalmente diferente. En consecuencia, es imposible analizar las instituciones creadas por las constituciones americana y francesa sin atender a esas circunstancias: la estructura de los poderes creados por la Constitución y el control de la supremacía constitucional responden directamente a las condiciones históricas en que se produjeron ambas. El aislamiento del nuevo continente, que incrementa aún más el tradicional aislacionismo insular británico, ha jugado, por ejemplo, un papel decisivo en la concepción del Estado por parte de los constituyentes de Filadelfia.

Una primera distinción entre las dos revoluciones fue establecida en el intercambio de ideas entre Edmund Burke y Thomas Paine. En la época contemporánea, el trabajo más importante en el mismo sentido corresponde a Hannah Arendt *(Sobre la revolución),* al que puede agregarse el reciente libro de Susan Dunn, *Sister Revolutions.*

De entre todos los posibles elementos de diferenciación, selecciono sólo los que considero que son básicos para explicar las respectivas estructuras de ambos regímenes y a los cuales parece importante examinar para ver cuánto significaron en la formación de los cuerpos políticos y las instituciones adoptadas.

i) El espacio físico

El espacio en que se desenvolvió la revolución colonial configuró la forma de su evolución. Además de su influencia fáctica, ese espacio enorme, sin fronteras, condicionaba a las ideas posibles. La tierra ilimitada ofrecía uno de los elementos que Locke presuponía en su descripción de una sociedad civil: la posibilidad de apropiación de la tierra por parte de quien le agregase valor, disponible sin otro condicionamiento.

Por otra parte, la lejanía con la metrópoli otorgaba un matiz de enorme importancia sobre el fenómeno correspondiente a la presencia de la autoridad y a la ausencia de un eventual enemigo físico. Los tiempos y los apremios, bajo estas circunstancias, son otros, totalmente diferentes para cualquier aspecto que se planteara.

Acorde con esta realidad, la creación de un cuerpo político único, que coordinara la acción y relaciones entre las trece colonias participantes en él, necesariamente debía estar condicionada por la obligación de encontrar una respuesta aceptable para todas, especialmente respecto a la incorporación de nuevos miembros o a la forma de asimilar el territorio disponible, cuya apropiación era inevitable. Muchos debates sobre la Constitución tuvieron este problema a la vista, y alcanzaron su culminación con la incorporación posterior de la Louisiana, que al decir de Jefferson, si bien no destrozó la Constitución, "la hizo crujir al máximo".

A las consecuencias originadas por este espacio abierto se sumaron otras circunstancias, que nunca más volverían a darse juntas. La singularidad de esta situación no podía sino resultar en la necesidad de encontrar fórmulas nuevas, o al menos, si se trataba de ideas ya enunciadas y conocidas (como de hecho se produjo), la originalidad y la novedad debían consistir en la forma de su aplicación. Este hecho caracteriza a la *originalidad y excepcionalidad* del experimento norteamericano, como los americanos proclaman, y al *aislacionismo* que les ha permitido el desarrollo de su experimento con una estabilidad de sus instituciones que es única en la historia moderna. En ese ambiente de aislamiento y excepcionalidad pudieron florecer ideas propias y ajenas, sin las prevenciones que encontraron en otro lado y, especialmente, en la Revolución Francesa.

No podía existir situación más contradictoria con esta circunstancia del espacio colonial que la que se dio en la Revolución Francesa, especialmente cuando los intentos de restauración monárquica colocaron a los enemigos de Francia en el límite mismo de su frontera. Este peligro de un enemigo común contribuyó a mantener la unidad del movimiento revolucionario francés, aun frente a la existencia real de facciones, que los líderes intentaban hacer desaparecer.

ii) El antecedente de un régimen feudal

El elemento más importante, la característica esencial de la Revolución Francesa, según Soboul, *"estriba en la realización de la unidad nacional del país sobre la base de la destrucción del régimen señorial y de los órdenes feudales privilegiados; su objetivo propio —*en palabras de Tocqueville en L'ancien regime et la *revolution*— *era abolir por doquier todo resto de las instituciones de la Edad Media*[70]. Este elemento es común a la historia de toda la Europa continental. El *ancien regime* se caracteriza, en la esfera de la sociedad, por la aristocracia, y en la esfera del poder político, por la monarquía absoluta.

El aparato burocrático fue el instrumento mediante el cual pudo la monarquía centralizar el poder político y, al igual que en la Europa continental, hubo una combinación de la autoridad real con las administraciones locales a cargo de sus delegados. Sin embargo, la fuerza aristocrática siguió existiendo y tuvo una reacción antiabsolutista, afirma Soboul, que le hizo compartir objetivos y actitudes con la Revolución. Así, el enfrentamiento era múltiple y complejo y comprendía a la burguesía, la monarquía absoluta, la nobleza y la aristocracia[71]. Durante largo tiempo, el motivo central de las acciones fue la búsqueda de un compromiso político, que no se obtuvo.

Este régimen feudal no estuvo nunca presente en las colonias británicas, lo cual impidió una aristocracia fuerte y, por lo tanto, tampoco existió una presión necesaria para contrarrestarla. Los EE.UU. se desenvolvieron sin las presiones de una corriente aristocrática importante, ni por corrientes de reivindicación socialistas. La etapa feudal de la historia fue salteada, y con ella, las instituciones propias de la época medieval. Una característica central de esta sociedad no feudal fue la carencia de tradición revolucionaria, tradición que en Europa se vincula especialmente con la Revolución Francesa, carencia que fue también la causa de la falta de tradición reaccionaria.

La falta de confrontación social determinó una sociedad ajena tanto al socialismo como a la aristocracia, que significan principios de clase, y su consiguiente reacción contra ellos. No hubo en las colonias una pasión burguesa ni el sentido de un *ancien regime* como un pasado a superar. Al no haber adversario, tampoco se dio el antagonismo propio de la Revolución Francesa, ni siquiera una revolución democrática, como observó Tocque-

---

[70] Cfr. Soboul, Albert: *Comprender la Revolución Francesa,* pág. 324.

[71] Furet afirma que si aristocracia se interpreta como minoría política dirigente, *la reacción aristocrática abarca* a todo el siglo XVIII.

ville, porque no había despotismo ni régimen feudal[72] que destruir. Más aún, el período posterior fue de consolidación, sin turbulencias posrevolucionarias típicas. La sociedad americana fue en su origen una de las más libres e igualitarias del mundo.

Esta ausencia de conflicto permitió consolidar el acuerdo social, político e institucional que quedó reflejado en la Constitución.

iii) La cuestión social

El tercer elemento está íntimamente ligado al anterior: la existencia o no de clases, con autoconciencia de pertenencia por parte de los individuos. La cuestión social fue un importante elemento de diferencia entre los dos procesos, y adquirió una gravitación importante en el desarrollo de ambos: a) por un lado, en lo fáctico, introduciendo un elemento condicionante de las posibilidades de evolución del proceso; b) por el otro, los conceptos mismos quedaron adecuados a dos realidades disímiles.

La cuestión social se convierte en un elemento revolucionario cuando los hombres comienzan a dudar sobre la inevitabilidad de la condición humana; a creer que el origen, nacimiento o cualquier otro factor similar no son obstáculos insalvables y que es posible modificar la situación personal. La apertura a estas posibilidades se vincula estrechamente con los conceptos de igualdad y de libertad.

Esta conciencia de la posibilidad de cambio en la posición social era una novedad en Francia, donde la igualdad se presentó como un concepto nuevo en el régimen feudal, bajo un gobierno monárquico absoluto; pero no lo fue en las colonias, donde los hombres libres eran iguales, no había pobreza y el lejano gobierno de la metrópoli estaba constituido como una monarquía limitada.

La falta de masas pobres en el mundo colonial tuvo una fuerte influencia en el movimiento parisino (donde se vio como un ejemplo), al punto de que Hannah Arendt considera a la Revolución Francesa como

---

[72] Si bien no hubo lucha contra el feudalismo, hubo sí limpieza de vestigios feudales, como la primogenitura, que duraron más tiempo.

una consecuencia directa de la revolución americana[73]. En efecto, las colonias habían superado la pobreza, dando a su población una prosperidad previa a la revolución, adquirida desde mucho tiempo antes, y que no existía en Europa. La noticia de esta realidad había llegado al continente y era un dato de la realidad que empujaba a la insatisfacción y a los reclamos de los hombres del pueblo. De manera recíproca, la miseria que asolaba a Francia trascendió entre los americanos, y tuvo también sus consecuencias, especialmente en la alta autovaloración de su sociedad. Tanto la falta de pobreza como las ideas de felicidad pública y de libertad política fueron un dato de la realidad americana. Estas ideas han estado siempre presentes y han formado parte de la estructura del cuerpo político.

Como surge de las situaciones propias de ambas revoluciones, queda clara una importante distinción referida a la cuestión social y a los fines propuestos: la revolución americana tuvo como objetivo establecer un nuevo cuerpo político, una forma de gobierno; la francesa se propuso alterar la textura social, mediante la superación de la pobreza, la abolición de los privilegios y la consagración de la igualdad. Fue la idea de la libertad, considerada en la esfera pública, la primera víctima del proceso revolucionario francés y desapareció rápidamente del ideal revolucionario, dado el imprevisto surgimiento de los pobres en la lucha, que condicionó a los buscadores de la libertad. Cuando el afán republicano reapareció más tarde, ya no fue posible lograr una constitución que fuera aceptada y perdurara, porque no podía ser sustentada en un cuerpo político legitimado.

Las interpretaciones usuales sobre la Revolución Francesa señalan la existencia de diversas clases sociales que desempeñaron un papel importante en el desarrollo de los acontecimientos revolucionarios y que determinaron decisivamente la estructuración posterior del sistema constitucional. La inestabilidad institucional de Francia fue provocada por la imposibilidad de un acuerdo eficaz y perdurable entre la aristocracia, la monarquía y la burguesía. Al no lograr arribar a este acuerdo, el grupo conductor de la revolución se vio empujado a ejercer la violencia contra la aristocracia, por presión de los grupos más marginados.

---

[73] Otro elemento que juega en la afirmación de Arendt sobre la influencia decisiva de la revolución colonial sobre la francesa es el papel del financiamiento del apoyo francés a las colonias y su peso en la economía francesa.

El fracaso de la Revolución Francesa en obtener un compromiso institucional explica las luchas (social, política y de clases) y el mantenimiento de las facciones a través de todo el proceso. Ésa ha sido la razón de su predicamento como revolución social, caracterizada como *"la más clamorosa de las revoluciones burguesas que, dado el carácter de sus luchas de clase, eclipsó a todas las revoluciones que la habían precedido"*[74].

Las colonias americanas presentaban un panorama muy diferente, sin conflicto social. Los líderes de la revolución y los redactores de la Constitución pertenecían a una misma clase y eran todos propietarios. En los fines de la revolución no había metas sociales, porque no eran necesarias, y tampoco había presiones de clases marginadas. Jefferson manifestaba: "Todos somos demócratas, todos somos republicanos, todo el mundo posee una propiedad o un interés en ella".

iv) El desarrollo del Estado

También eran distintas las circunstancias referidas al grado de desarrollo del Estado. La revolución colonial fue la heredera de la monarquía limitada inglesa, mientras que la francesa enfrentaba a una monarquía absoluta. Dice Arendt que una revolución está predeterminada por el gobierno al que se enfrenta, y al que viene a derrocar: cuanto más absoluto el gobierno, más absoluta la revolución.

Los hombres de las colonias tenían ya experiencia de gobierno y estaban orientados a la acción. La mentalidad francesa, por el contrario, tendía a la exposición teórica y carecía del sentido práctico de la mentalidad sajona. Los revolucionarios no tenían experiencia previa, todo en ellos era novedad e improvisación. Contaban sólo con ideas y principios que no habían sido probados ni discutidos antes de la Revolución.

América exhibía una vasta experiencia de gobierno autónomo, proveniente de los antecedentes de pactos y convenios celebrados entre sus habitantes, desde la época del *Mayflower*. Las ideas provenientes de estos pactos y promesas mutuas estaban vigentes mucho antes de la Declaración de Independencia, y la acción subsiguiente formó el poder que quedó en manos de los ciudadanos.

---

[74] Soboul, Albert, op. cit. pág. 342.

La revolución americana, según Adams, fue realizada antes de que comenzase la guerra, no tanto por un sentido de rebelión contra la autoridad inglesa, sino debido a que los habitantes de las colonias se hallaban integrados por disposición legal en corporaciones o cuerpos políticos y poseían el derecho a reunirse en sus consejos con el fin de deliberar sobre los negocios públicos; en estas asambleas municipales o de distrito se forjaron, por primera vez, los sentimientos del pueblo. El pueblo como elemento previo tiene que ver con el hecho de la existencia de cuerpos institucionales (las colonias) y delegados con mandato para crear algo nuevo y diferente. Lo nuevo era dotar al gobierno de una estructura y un procedimiento consagrados en una constitución: no se creaba un gobierno por medio de una constitución; se le daba una constitución a un gobierno. Los derechos individuales fueron un problema posterior.

Esta peculiaridad de la revolución americana sirve de orientación para explicar la continuidad del sistema colonial: no hay un hiato en la historia americana, sino una continuidad desde el sistema vigente en Inglaterra. No hubo una liberación ni hubo exilio; se trataba tan sólo de organizar un gobierno para reemplazar a la corona británica.

Los padres fundadores heredaron de la cultura británica una actitud de menosprecio hacia las generalidades filosóficas y una vocación por la acción. Había experiencia en participar del gobierno, mientras que esta experiencia no existía en Europa, donde en cambio pesaban las *utopías*.

En la Francia revolucionaria, la secularización del poder hizo necesaria la teoría del origen divino de los reyes para fundamentar las tesis absolutistas. No había, entonces, sino una posibilidad, y esa posibilidad fue el traspaso del absolutismo del rey a la nación. Los colonos americanos no estaban atados por esa carga y necesidad. Hacía largo tiempo que habían dejado de lado al gobierno ilimitado, y la monarquía limitada no había sido un obstáculo para la celebración de pactos y convenios, que fueron el punto de partida de todo lo nuevo. Esta concepción y la sensación de acción colectiva fueron decisivas, mucho más importantes que cualquier ideología, y fueron las que modificaron el esquema de referencias y conceptos, que no estaban tan alejados de los que se manejaban de Francia.

Ambas revoluciones compartieron un dogma: la fuente y el origen del poder político residen en el pueblo. Lo que las diferenciaba era el nivel de organización que tenía cada uno de los pueblos. En Francia no estaba

organizado ni constituido, mientras que los municipios americanos le dieron la estructura suficiente para superar los problemas de legitimidad y
representatividad, como se verá más adelante.

El enfrentamiento en Francia se producía entre el rey y el pueblo, cuya
representación se arrogaba un parlamento. En América, se enfrentaron
dos cuerpos constituidos: los municipios coloniales y el gobierno inglés.

Así, la república americana nació de una revolución como consecuencia de un acto deliberado, pensado y discutido extensamente y que sería
visualizado como la fundación de un gobierno nuevo, producto de la libertad. No respondió a una necesidad histórica, pero la experiencia colonial
tuvo un papel decisivo en la preparación de la revolución. Nada de eso
puede observarse en los hechos franceses. La lucha contra el feudalismo a
través de una monarquía centralizadora creó en Francia un Estado fuerte,
y esa centralización burocrática fue consolidada, más que rota, por la misma Revolución[75]. Para resolver el enfrentamiento de las clases, la Revolución tuvo necesidad de un Estado fuerte, necesario y temido a la vez por
los franceses.

Ley y Estado están íntimamente relacionados. El derecho puede entenderse como lo vio Cooke, como algo que existe y debe ser descubierto,
o entenderlo como el positivismo de John Austin, como un producto de la
soberanía, creado por el Estado.

Un Estado fuerte se transforma en el creador del derecho: el derecho
es *producto* del Estado, que lo crea a través del Poder Legislativo. Desarrollo de Estado y aplicación del derecho son interdependientes. Cuando el
Estado es fuerte, el Derecho aparece como impersonal, fundado en la
racionalidad de la ley como su única fuente. La lógica se impone sobre la
experiencia histórica como fundamento del derecho. Una organización de
este tipo concibe al sistema judicial como una aplicación mecánica de la
norma escrita, con la menor actividad propia posible. La preeminencia del
Poder legislador es manifiesta[76]; bajo esta concepción, el control constitucional no puede estar en manos de los jueces, porque atentaría contra el

---

[75] Cfr. Furet, Francois: *Pensar la Revolución Francesa,* Petrel, Barcelona, 1980, pág.
[76] Así consideró la Revolución Francesa a la Asamblea Nacional, como la única fuente
de autoridad pública.

poder central y contra la consideración de la ley producida por la Asamblea como la única fuente de derecho.

Los Estados Unidos son un heredero directo de la sociedad de Gran Bretaña, que le dio a su organización jurídica y política formas muy diferentes a las de la Europa continental; en especial, porque la ausencia de feudalismo y la imposibilidad de invasiones por su aislamiento físico hicieron innecesario un aparato burocrático administrativo y una centralización del poder político. Estas características influyeron en la débil tradición de Estado propia de las colonias inglesas en América, y que se trasladó a la Constitución del naciente Estado.

En este caso, el Derecho no proviene del Estado o de sus órganos. Viene de la sociedad misma, como producto independiente del poder político: es un derecho consuetudinario o derecho judicial, que nace del *common law* y es aplicado por sus jueces[77]. En ese sistema no es el Estado el que imparte justicia, ni la ley es la fuente del Derecho. El juez tiene un papel activo en la aplicación del Derecho que emana de la tradición histórica, papel que le exige una labor de construcción y elaboración para dictar sus sentencias. La ley se aplica en forma restrictiva, porque se considera una excepción a la tradición normativa que emana de la sociedad.

No hacía falta ningún gobierno ni Estado fuerte para destruir nada, porque no había nada que destruir. Por el contrario, tomaron el pasado como herencia para asentarse y se afirmaban en su tradición sin romper con su pasado.

El problema americano era otro.

---

[77] Esta diferente concepción jurídica proviene de la diferente recepción del Derecho Romano que se produce en cada caso. El Derecho continental lo recibe una vez que ha sido consolidado en un cuerpo *iuris,* único. De esta forma es más fácil visualizarlo como una unidad, emanada de un órgano del poder político y adoptada por éste. Gran Bretaña tuvo mucha menos influencia del Derecho Romano, por su aislamiento, y no fue alcanzada por la etapa de consolidación de ese *corpus iuris.*

V
EL PENSAMIENTO DE LA REVOLUCIÓN AMERICANA

La otra categoría de análisis proviene de las concepciones filosófico-políticas de ambas revoluciones, especialmente en el concepto de democracia, incluyendo en esta discusión las nociones de Estado, libertad, pueblo, individuo, poder y soberanía. Los factores analizados en el punto anterior han ejercido una importante influencia sobre estos elementos.

Hacia fines del siglo XVIII, las colonias inglesas asentadas en el continente americano se enfrentaron a la corona británica. Un Congreso continental se reunió en 1776 para analizar las medidas reales que afectaban a la colonia y que ponían en riesgo los derechos tradicionales de autogobierno. El resultado fue una Declaración de Independencia que puso a los líderes en la necesidad de crear un cuerpo político, un gobierno propio que llenara el vacío dejado por la corona.

Es importante destacar lo atípico de la revolución americana. La rebelión contra la corona británica y la lucha armada contra el ejército inglés ya se habían producido, y no fueron contra una tiranía, como ocurrió con todas las rebeliones de la historia, porque los americanos no eran un pueblo oprimido. Eran, con toda seguridad, un pueblo libre, con un gobierno limitado y sin estructura feudal.

Ello hizo casi incomprensibles las razones de la revolución fuera de América, mientras que ningún americano dudaba que constituyera una auténtica revolución, aunque no fuera violenta. Nacidos en una época donde los conceptos de *gobierno y libertad* eran discutidos y conocidos más que en ninguna época anterior, los colonos habían profundizado los estudios del Derecho y la política y eran especialmente sensibles acerca de sus derechos. No actuaban ante injusticias o agravios, sino que se anticipaban a la posibilidad de que estos agravios se produjeran; actuaban en defensa de sus derechos, a los que le atribuían un papel como límites del poder. Así lo observó Burke[78].

---

[78] Burke, Edmund: *Speech on Moving His Resolutions for conciliation with the Colonies.*

La preocupación principal era resolver el problema de la inexistencia de un gobierno, dada la desvinculación del gobierno inglés; todos los americanos estaban involucrados en grado generalizado, dando lugar a una enorme cantidad de literatura sobre el tema y de las fuentes más diversas. Pero es extraordinario que no haya habido un sentimiento de repudio hacia su herencia británica, lo que contrastaba más todavía con su carácter de revolución. Por el contrario, la historia británica y su *common law*, al igual que el derecho natural, eran sus aliados. La estructura del *hermoso sistema*, como lo había denominado Montesquieu, mostraba al gobierno inglés como el más libre y mejor constituido del mundo: los intereses contrapuestos se balanceaban dentro del Parlamento y la mezcla de instituciones políticas conocidas parecía garantizar su estabilidad eterna.

No había ruptura ideológica y, sin embargo, los colonos debían buscar su propio gobierno, en función de la ausencia del gobierno británico. Era una situación novedosa: crear un gobierno que respondiera a circunstancias y problemas inéditos, para lo cual buscaron todo antecedente que les pudiera ser útil y que les permitiera una aplicación novedosa y audaz. Los americanos, de acuerdo con esta tesis, no formaron simplemente gobierno, sino que construyeron nuevas formas, con una nueva y total concepción de la política, tomada de los antiguos y los clásicos y adaptada a un registro moderno. Para elaborar esta nueva concepción de la política no necesitaban romper con las ideas básicas del pensamiento anglosajón; por el contrario, los pensadores ingleses pesaron mucho en la formación de una doctrina jurídica y política americana, aunque adaptadas a las circunstancias y necesidades que se les presentaron a los revolucionarios. Continuando el desarrollo de su pasado colonial, la década revolucionaria hasta la sanción de la Constitución fue especialmente crucial, como un catalizador para la creación de una nueva concepción política, y sólo aceleró lo que parecía natural.

En realidad, las colonias ya tenían un gobierno republicano y actuaban como una confederación de tales repúblicas. América disfrutaba desde mucho tiempo atrás de una amplia experiencia de gobierno autónomo, proveniente de sus antecedentes pactistas. Con esta actitud reivindicaban su capacidad para promulgar, constituir y elaborar las leyes y los instrumentos necesarios de gobierno. El pacto del *Mayflower* fue el antecedente original, que actuó como precedente de todos los posteriores y que dio al gobierno un sistema, mantenido a través de las Órdenes Fundamentales de 1639[79], la Carta Real de 1662 y las posteriores, bajo la propia autoridad, con independencia de la corona.

Esta tradición pactista fue una constante y fue invocada permanentemente por la revolución. De todas maneras, si bien los cuerpos constituidos eran político-civiles y no tenían las características estrictas de *gobierno*, fueron creando una concepción del poder y la autoridad que serían esenciales en el período de organización. Ese acto fundacional fue el período de la gestación de la nacionalidad norteamericana y de instituciones que perduran hasta hoy, lo que configura un hecho inusual en la historia política.

Al momento de analizar las bases de las instituciones que los *padres fundadores* adoptaron, surgen diferentes interpretaciones sobre el pensamiento filosófico-político que influyó en la forma que adoptó el sistema constitucional. En años relativamente recientes, nuevas corrientes historiográficas revisionistas han controvertido las teorías clásicas sobre las líneas de pensamiento vigentes a fines del siglo XVIII.

En el debate que precedió a la vigencia definitiva de la Constitución de Filadelfia, y en los años inmediatamente posteriores, en los cuales las interpretaciones intentaban darle precisión al funcionamiento de las instituciones creadas, se muestra que hubo, al menos, dos posiciones bien diferenciadas. Pero había también una base de pensamiento elemental que ambos bandos compartían. Es necesario entender y fijar esos elementos comunes, así como las cosas que los enfrentaban.

Dice Arriaga que hubo *"acuerdo acerca de la influencia ejercida por el pensamiento republicano, el cual fue la principal fuente intelectual de la época y aglutinó los principales valores y creencias políticas de todas las facciones de la joven nación. Los fundadores promovieron la adopción de una forma de gobierno republicana, en lugar de optar por un régimen monárquico, aristocrático o democrático. En este sentido, la expe-*

---

[79] Las palabras son similares en su concepción a las del Mayflower: *"... cuando un pueblo se reúne, la palabra divina exige que, para mantener la paz y la unión de ese pueblo, debe haber un gobierno ordenado y decente... por lo tanto nos asociamos y reunimos en estado público o comunidad, y por nosotros y por nuestros sucesores... formamos, reunidos, una organización...".* (cfr. ídem) y a continuación procedían a organizar el gobierno y establecer los procedimientos.

riencia norteamericana representó una nueva era para el republicanismo. Desde la antigüedad, ninguna entidad política había pasado por un proceso en el cual una comunidad adoptaba los principios republicanos y sus instituciones"[80]. Pero el contenido y significado preciso de este republicanismo admite, por lo menos, dos interpretaciones: por un lado, la que se encuentra en el liberalismo de Locke, corriente en la que queda enrolado Louis Hartz[81] como su mayor exponente; por el otro, la de quienes lo enfocan desde una tradición republicana clásica y renacentista, en la cual importa el predominio de los valores públicos sobre los intereses privados, tal como lo sostienen J.G.A. Pocock[82] y Gordon Wood[83].

a) La literatura política en el debate

Bernard Bailyn ha analizado, en *The ideological Origins of the American Revolution*, las fuentes y tradiciones de las que se nutrieron los actores de esa revolución. En ese trabajo afirma que, si bien las citas volcadas al debate son profusas, incluyendo algunas tomadas de clásicos antiguos, su despliegue es decepcionante. Muchas veces por superficialidad, otras por desconocimiento; la mayoría de las veces —afirma Bailyn— las citas no muestran gran erudición, sino que denuncian un deseo de ilustrar, de manera selectiva, su propia posición en el debate, más que una vigencia real en el pensamiento de la época. Muy influyentes serían las ideas y las actitudes asociadas con los escritos del Iluminismo inglés, que incluían tanto el racionalismo de la reforma liberal como la ilustración conservadora. La persistencia y cantidad de citas son asombrosas, dice, pero el conocimiento que reflejan, como por ejemplo las de los clásicos antiguos, es muchas veces superficial[84].

---

[80] cfr. Arriaga, Víctor: "El pensamiento político norteamericano durante la segunda mitad del siglo XVIII", en *Estados Unidos visto por sus historiadores. Tomo I*, Universidad Autónoma Metropolitana, México, 1991, pág. 27.

[81] Hartz, Louis: *The liberal tradition in America: an interpretation of American political thought since the revolution*, Brace and World, Nueva York, 1955.

[82] Pocock, I.A. *The Machiavellian moment: florentine political thought and the Atlantic republican tradition*, Princeton University Press, 1975.

[83] Wood, Gordon: *The creation of the American Republic*, The University of North Carolina Press, NC, 1969.

[84] Bailyn, Bernard, *The ideological Origins of the American Revolution*, Harvard University Press, pág. 28: *"but the knowledge they reflect, like that of the ancient classics, is at times, superficial"*.

En el mismo sentido, señala Wood que el momento parecía sumamente peculiar, cuando todo conocimiento se acumula, donde la antigüedad clásica, la teología cristiana, el empirismo inglés y el racionalismo europeo podían conectarse. Así, agrega, Josiah Quincy, al igual que otros americanos, podían, sin ningún complejo de incongruencia, citar a Rousseau, Plutarco, Blackstone y a los puritanos del siglo XVII en la misma página[85].

Entre los autores sobresale Locke, citado frecuentemente con precisión en diversos pasajes de su teoría política, pero también hay referencias de segundas y terceras manos, usadas equívocamente como apoyo a los puntos de vista propios, y muchas veces por quienes sostienen posiciones exegéticas contradictorias. Lo que demuestra, agrega Bailyn, la ausencia de conocimiento profundo de Locke. Algo similar ocurre con Bolingbroke, Hume, Hobbes, Montesquieu y aun con Rousseau. Este hecho obliga a prestar menos atención a las citas, exhaustivamente analizadas por Bailyn, que a las ideas desarrolladas en sí mismas.

De todas maneras, es importante tener en cuenta las observaciones de Wood sobre las lecturas y la forma en que se fueron dando las influencias ideológicas. No hay dudas de que los colonos tuvieron lecturas muy variadas, como, por ejemplo, Vatell, Pufendorf, Burlamaqui y otros en materia de derechos naturales y el concepto de ley fundamental. Pero estas lecturas no significan que sus ideas fueran adoptadas. Como expresa Wood, los colonos no extraían sus ideas de la lectura de libros; sus mentes no eran vasijas vacías que se llenaban con ideas nuevas de filósofos europeos, sino que elegían de entre una gran variedad sólo las que necesitaban. Más que nada, era su peculiar experiencia lo que explicaba su actitud legal[86].

---

[85] Wood, Gordon, op. citada, pág. 7: *"It seemed indeed to be a peculiar moment in history when all knowledge coincided, when classical antiquity, Christian theology, English empiricism, and European rationalism could all be linked. Thus Josiah Quincy, like other Americans, could without any sense of incongruity cite Rousseau, Plutarch, Blackstone, and a seventeenth Puritan all on the same page".*

[86] Wood, Gordon: *The origins of Judicial Review*, Suffolk University Law Review. Vol. XXII, pág. 1297: *"The colonist, like all of us, did not simply draw their ideas from reading books; their minds were not empty vessels into which flowed a lot of new notions from European philosophers. They picked out from the wide variety of ideas available to them only what they needed. It is the colonists' peculiar experience that is crucial in explaining their legal attitudes".*

b) Estado de la cuestión

Es posible afirmar que existieron diferentes proyectos de ordenación de la República, lo cual pondría en tela de juicio la imagen de un país creado a partir de un gran acuerdo nacional. Los historiadores han señalado el contenido y significado de las ideas políticas circulantes en la sociedad angloamericana y que influyeron en la creación de las instituciones nacionales. Es evidente la influencia ejercida por el pensamiento republicano como principal fuente intelectual de la época, que aglutina a los principales valores y creencias políticas de todas las facciones. Se adoptó una forma de gobierno republicana, pero el concepto debe entenderse meramente como una contraposición a un régimen monárquico, aristocrático o, inclusive, democrático. La experiencia norteamericana representó una nueva era para el republicanismo, dado que ninguna entidad política había pasado por un proceso en el cual una comunidad adoptaba los principios republicanos y sus instituciones.

Tal como se dijo antes, una primera corriente se relaciona con el liberalismo de Locke, considerado el líder del pensamiento predominante durante el siglo XVIII[87]. En esta tesis, el liberalismo y su énfasis en la individualidad de los derechos privados, así como los intereses privados, eran el ideal dominante de la época. La base fueron las ideas sobre los derechos naturales y el contractualismo, y sobre estas ideas se basó el contenido principal de los principios políticos y sociales que originaron las instituciones nacionales (Hartz). Un elemento fundamental para considerar la popularidad de estas ideas liberales ha sido la ausencia de feudalismo, como ya se explicó.

El sistema de vida americano es la expresión más acabada de este liberalismo y constituye una articulación nacional de Locke. Para Hartz, este pensamiento liberal ha influido en los Estados Unidos de una manera en que ningún otro pensador influyó en ningún otro país. La ruptura con Gran Bretaña queda explicada por esta teoría, considerando las condiciones que permiten a una comunidad política cambiar su gobierno cuando la

---

[87] Vale la pena destacar, al aludir al *liberalismo* de Locke, que esta expresión recién se introdujo en el léxico filosófico político hacia comienzos del siglo XIX. Locke no se vale de ella para referirse a su propia doctrina.

autoridad no respeta los términos del contrato con la sociedad. La presencia de Locke no ha sido discutida, pero el pensamiento liberal la ha considerado una influencia decisiva y predominante.

Los nuevos historiadores han replanteado esta influencia, y la sustituyen por una tradición republicana clásica y renacentista. Son los llamados revisionistas republicanos, como Gordon Wood.

Según esta última tesis, la idea predominante a fines del siglo XVIII era que los valores públicos de los ciudadanos se contraponen a los intereses privados del individuo y se encuentran por encima de él; sólo es virtuoso el individuo que participa activamente de los asuntos públicos de la comunidad, haciéndolo, incluso, a expensas de sus propios intereses privados. Precisamente uno de los requisitos fundamentales para el sostenimiento de una república es el comportamiento virtuoso de los ciudadanos. Bailyn es uno de los más actualizados historiadores revisionistas y su objetivo, al detectar las principales fuentes intelectuales e ideológicas de la independencia, fue ver la presencia y el significado de las ideas de la antigüedad clásica, la ilustración y el puritanismo inglés (especialmente el pensamiento republicano inglés de los siglos XVII y XVIII). Fue esta tradición inglesa la que permitió a los colonos la incorporación de ideas y conceptos, con la forma de diferentes corrientes ideológicas, aun con la salvedad hecha por Wood. De este republicanismo importa destacar la participación en la vida pública como la única fuente de virtud que permite al individuo convertirse en un ser político o ciudadano.

En el mismo sentido se pronuncia Pocock, que señala la influencia del republicanismo clásico y del renacentista, así como del pensamiento republicano inglés, en las ideas políticas norteamericanas del siglo XVIII. Para Pocock es importante superar los mitos norteamericanos de la influencia sagrada de Locke y de una formación de la sociedad nacional, sin precedente histórico y como réplica del pensamiento de aquél. Su explicación se centra más en el significado del concepto de *república* presente en los principios y valores republicanos del humanismo renacentista y, muy especialmente, resalta la influencia de pensadores como Maquiavelo. Lo que buscaban los fundadores, y aquello sobre lo cual reflexionaban, eran los mecanismos para garantizar la permanencia tanto del carácter como de las instituciones republicanas a través del tiempo; así lo habían hecho los pensadores clásicos y renacentistas, al margen de que hubieran conseguido o no el éxito.

Si de lo que se trataba era de evitar la corrupción de las formas de gobierno, presentes en la literatura política clásica, los mecanismos fundamentales eran la conciencia cívica y la participación de la ciudadanía propietaria en los asuntos de la comunidad política. Estos mecanismos fueron tan influyentes que formaron a toda la elite norteamericana de la época, y sería la causa de la aparente homogeneidad cultural intelectual de toda una generación. Esta tesis convierte a la ideología y a la conciencia histórica en elementos fundamentales para entender la historia norteamericana.

También para Wood las ideas republicanas representaban los principios de realización política y, en otro nivel, eran una guía moral para un comportamiento ejemplar. Dentro de los temas identificados dentro del republicanismo angloamericano se encuentra la antigüedad clásica, con sus ejemplos históricos de las repúblicas griegas y romanas, el bien público y la virtud cívica, que exigían el sacrificio de los intereses individuales. Los derechos privados, motivo de la preocupación del liberalismo, son sólo secundarios en la segunda mitad del siglo XVIII. El respeto a los derechos de la colectividad frente a los abusos de la clase gobernante (la corona británica) fue, para esta línea de pensamiento, de mucho mayor peso.

Hay una evolución del republicanismo en la historia de Estados Unidos, que se fue modificando al influjo de otras ideas y como respuesta a circunstancias históricas específicas. Lo clásico era el requerimiento de grandes sacrificios individuales, que fue indispensable para lograr la victoria sobre Gran Bretaña. Pero entre 1775 y 1787, el republicanismo, con sus supuestos básicos, no se adecuaba a las nuevas necesidades, y finalizó el período clásico. La república ya no era un ente homogéneo, de intereses similares, sino un aglomerado de individuos con intereses propios y no siempre compartidos. Para controlar esta competencia entre individuos ya no era suficiente la mera virtud cívica, y hubo que diseñar mecanismos de instituciones que posibilitaran la incorporación de intereses contrapuestos en la estructura del gobierno nacional, previstos en la Constitución de 1787, a través de sus cuerpos representativos. Esta representación fue lo que constituyó una solución al problema de la permanencia y coexistencia de intereses contradictorios. Cuanto mayor era la diversidad de intereses representados, menor era la posibilidad de caer en situaciones donde prevaleciera un solo interés, con aspiraciones de hegemonía. La década de 1780 fue un período crítico, durante el cual muchos conceptos subyacentes en el idealismo de 1776 fueron cuestionados y modificados.

Había un ideal de republicanismo como punto de partida común, pero surgieron diferencias respecto de la naturaleza y los propósitos del gobierno y de las formas de adecuar la competencia individual a una forma de gobierno republicana. Uno de los problemas que presenta la interpretación de este período de historia americana es el uso indiscriminado de los conceptos de *república y republicanismo.* El republicanismo puede identificarse como el apoyo a una cierta forma de gobierno, a partir de ciertos principios que autorizan la participación del cuerpo de ciudadanos en el proceso político. Básicamente, se trata de oponerlo a la monarquía o a la democracia pura. Muchos de los análisis parten de conceptos contradictorios de estos términos. Otros autores señalan la presencia de ideas clásicas que muestran que el liberalismo no fue un implante automático. En esta versión revisionista se integran los derechos individuales y los derechos privados. Ambas tesis pueden complementarse y no son excluyentes. Pero la coexistencia de ambas constituyó la fuente de la primera confrontación política en América, y son los paradigmas de los primeros partidos políticos norteamericanos.

Las diferentes teorías interpretativas permiten sostener la interacción entre las ideas liberales y las del republicanismo clásico. De esta coexistencia no surge la hegemonía de ninguna de las dos, sino una tradición de pluralismo del discurso y del debate político.

La diferenciación entre las dos corrientes no fue sólo obra de los historiadores. También los filósofos y teóricos políticos han creído que tiene importancia precisar las ideas fundamentales sobre las que se apoyan el constitucionalismo y el control de constitucionalidad norteamericanos. El debate que se origina entre ellos sigue las líneas de la argumentación de los historiadores. Así, por ejemplo, Holmes sostiene: *"Los creadores de la Constitución estadounidense estaban servilmente en deuda con las teorías políticas de Hamilton, Locke, Hume, Montesquieu y Voltaire, así como de las experiencias obtenidas a través de la comunidad británica del siglo XVII, de las constituciones preexistentes y prelegitimadas de los estados individuales"*[88], en consonancia con la historia tradicional.

---

[88] Holmes, Stephen, op. citada, pág. 245.

John Hart Ely[89] y Frank Michelman[90] se inclinan por la respuesta contraria. Ambos especialistas en la *judicial review* buscan la justificación del rol que cumple la Corte Suprema por la forma en que ha obtenido su autoridad. Michelman explícitamente sostiene que dicha autoridad deriva del derecho del pueblo a su autodeterminación, como un ejercicio de la soberanía popular, y que la facultad judicial sirve a ese propósito, manteniendo esa capacidad en vigencia. Habermas cree que esta tradición renacentista ha entrado en la discusión del constitucionalismo americano, por vía de Harrington, y que pudo constituir una alternativa al liberalismo lockeano, como inspiradora del concepto de democracia de los revolucionarios y constituyentes[91].

Elster observa influencias del pensamiento florentino del siglo XIV en las instituciones americanas. Aristóteles llega a través de la filosofía romana, y especialmente, por medio del pensamiento político del Renacimiento italiano hasta los padres fundadores. La similitud entre ese pensamiento y la revolución colonial la encuentra en que ambas eran sociedades democráticas en busca de limitaciones constitucionales. Basado en el trabajo de Najemy sobre *Corporatism and Consensus in Florentine Electoral Politics,* Elster dice: *"El desarrollo del sistema electoral florentino se puede resumir como la transformación de una política en que ninguna institución se podía dar por sentada en un régimen y capaz de imponer una aceptación verdadera"[92].*

Las ideas del Renacimiento clásico se presentan como alternativa a las de Locke. Pero las fuentes ideológicas no se limitan a estas dos corrientes. Sin atribuirle un papel preponderante, Frank Balog incluye al Iluminismo escocés (Francis Hutcheson, David Hume, Adam Smith, Thomas Reid, Adam Ferguson y Dugald Stewart) entre las fuentes ideológicas importantes. No hay dudas respecto del conocimiento de las ideas de Hume y Smith en la etapa revolucionaria; pero la dificultad que enfrenta la generalización de Balog es cómo mostrar que este grupo de pensadores escoce-

---

[89] Ely, John Hart, op. citada.
[90] Michelman, Frank: *Conceptions of Democracy in American Constitucional Argument,* Florida Law Review 41 (1898), y recientemente *Brennan and Democracy,* Princeton University Press, 1999.
[91] Habermas, Jürgen, op. citada, pág. 268.
[92] Elster, John: *Constitucionalismo y Democracia,* FCE, 1999, pág. 41.

ses constituyen un grupo homogéneo, máxime cuando algunas de sus ideas aparecen como contradictorias. Aun cuando reconoce este problema, cree posible identificar algunas líneas filosóficas del Iluminismo escocés en el ideario americano, como, por ejemplo, el espíritu científico en el estudio del hombre y la sociedad. Otras ideas estarían especialmente en la oposición a Locke. Así, por ejemplo, había una concepción *comunitaria e igualitaria* que se opondría al individualismo de Locke[93].

c) Los pensadores más notorios

Entre los interrogantes traídos a discusión por la controversia interpretativa, importa destacar, a los efectos de este trabajo, los siguientes:

i)   ¿La separación significó una ruptura (inevitable por el clima generado por el enfrentamiento) o, por el contrario, hubo una continuidad, siendo la separación una consecuencia natural del desarrollo de las colonias británicas[94]?

ii)   ¿El movimiento colonial constituyó una auténtica revolución política y social o fue la consolidación del autogobierno y la libertad ya imperantes en las colonias?

iii)   ¿Cuáles fueron las fuentes intelectuales en las que se basaron los fundadores para elaborar las instituciones que formaron el nuevo cuerpo social?

Dados la importancia y el peso de la tradición en la historia colonial, así como en la de la misma Inglaterra, los dos primeros puntos se reflejan en el último y es éste el tema fundamental que permitiría establecer el sentido que quisieron darle al sistema político que se estaba creando. Importa, por tanto, intentar determinar quiénes fueron los pensadores y las ideas políticas vigentes a fines del siglo XVIII que influyeron en la creación de esas nuevas instituciones y dónde estarían reflejadas tales ideas.

Aprobado el texto de la Constitución norteamericana en 1787, las colonias debían ratificarla para entrar en vigencia. Entre 1787 y 1789 se realizó un amplio debate dirigido a decidir el voto de ratificación. A lo largo

---

[93] Balog, Frank: "The Scottish Enlightenment and the liberal political tradition", en *Confronting the Constitution*. Como veremos más adelante, algunos autores han suavizado el *individualismo* de Locke.

[94] Cfr. Arriaga, Víctor: op. citada.

de esos años, Madison y Hamilton, ayudados por Jay, publicaron una serie de ensayos, conocidos como *El Federalista*. Abiertamente volcados a conseguir la ratificación en el estado de Nueva York, sus textos constituyen, una vez obtenida esa ratificación, el pensamiento político-filosófico de la Constitución misma.

Las líneas argumentales describen un pensamiento sobre los temas políticos muy alejadas de las líneas del pensamiento francés. El debate concentra la atención sobre el tipo de gobierno a adoptar, considerando la realidad americana y su experiencia con los cuerpos existentes. Las reminiscencias de este proceso con las teorías contractualistas son notorias. El contrato social tiene una significación especial, y fue puesto en práctica por los colonos, aunque no dispusieran de las teorías. Tampoco las necesitaban, dado que eran casi naturales a su formación puritana y a la idea misma de pacto, que la Biblia contemplaba en sus relatos.

Las teorías de Locke sobre el origen del poder se vieron confirmadas en este proceso, incluyendo su escenario de tierra disponible, sin límites para la apropiación. No sólo la influencia de Locke, es evidente en la revolución americana, sino también lo que ésta aportó a las ideas de Locke como un ejemplo de la realidad. Al margen de las ya descritas interpretaciones revisionistas que rescatan las ideologías republicanas renacentistas, la vigencia del liberalismo *lockeano* es indiscutible, como también lo es el complemento de Harrington. El fenómeno inverso, el de la imagen de las colonias que ilustró la expresión de Locke de que *"una sociedad política se origina en el consentimiento de hombres libres que tienen la mayoría para unirse, y este acto es el origen del gobierno legítimo en el mundo"*, es menos obvio. Sostener el predominio intelectual de Locke por sobre el resto de pensadores no significa negar la profusión de doctrinas de orígenes muy diversos. Hay otros dos autores cuyas ideas contribuyeron en gran medida a la forma que adquirieron las instituciones revolucionarias y constitucionales, que son Montesquieu y Harrington, a quienes, al igual que Locke, interesa resumir en lo vinculado con el tema tratado.

A. Las ideas de Locke

De sus obras, debe ser considerada especialmente *Concerning Civil Government, Second Essay,* en la cual quedan sentadas las bases que se insertarán en el pensamiento colonial. Cuando este tratado se publica, Locke ya ha refutado (en el primer tratado) las ideas de un absolutismo expuesto por Hobbes y que Filmer había fundado en la teoría del origen divino de los reyes. La monarquía absoluta de base patriarcal es, según Locke, un simple y obvio sistema de gobierno para aquellos hombres que no han conocido ningún otro, y que no necesitan protegerse contra los abusos del privilegio o del poder absoluto. Se sometieron a este tipo de gobierno por ser el más adecuado para esas condiciones, con pocas controversias y con pocas leyes.

Como Hobbes, Locke parte de la consideración de un estado de naturaleza, en el cual los hombres gozan de perfecta libertad e igualdad, pero en el que tienen un impulso natural hacia la competencia y la disensión. Este impulso está siempre latente, aun cuando parezca controlado. Pero ese estado tiene una ley, que obliga a todos: la razón, que los lleva a vivir en sociedad.

Con la sociedad civil queda establecido un gobierno dentro del Estado, aunque con una finalidad diferente a la que enunció Hobbes. Al reunirse en sociedad, los hombres renuncian a una gran parte de la libertad que tenían, pero no la entregan a un soberano absoluto, con autoridad ilimitada, como Hobbes sostenía. Todo poder está limitado, y los hombres se reúnen en un cuerpo político en el que la mayoría tiene derecho a actuar y decidir en nombre de todos. Quien entra en ese cuerpo consiente en apoyar las decisiones mayoritarias, las hace suyas y se compromete a respetarlas bajo la condición de que dichas decisiones se adapten a los compromisos contraídos.

Cuando se ha consentido en formar una comunidad, la mayoría tiene derecho a actuar colectivamente y decidir en nombre de todos. Resulta imperativo que el cuerpo se mueva hacia donde lo lleve esta fuerza mayor, la del consenso de la mayoría, tal cual se acordó inicialmente. De tal manera, el consentimiento de una pluralidad de hombres libres e iguales (tema sobre el que volveremos más adelante) es lo que origina una sociedad política, que acepta la regla de la mayoría. Este consentimiento es clave en la diferenciación entre la ideología de Locke y la que responde al republicanismo clásico: en un gobierno republicano, el consentimiento no es suficiente; se requiere, además, participación.

Importa retener el concepto de *irrevocable* aplicable al gobierno, porque la tesis del *Second Essay* es que todo gobierno que no cumpla su obligación con la sociedad civil debe enfrentar la resistencia de ésta (precisamente en este derecho reposa la legitimidad de la ruptura de la colonia con la corona británica). En ese caso, no se verifica el regreso al estado de naturaleza temido por Hobbes, y de hecho, las colonias americanas son un ejemplo de ello. El estado más próximo al de naturaleza fue el que se habría producido al arribo de los emigrados a América, y el pacto del *Mayflower* sería el equivalente a la constitución de la sociedad civil. Este sería el ejemplo más claro de una sociedad civil, tal como fue explicada por Locke, a lo que se debe sumar la circunstancia de un espacio y tierra ilimitada y apropiable, planteada en su teoría de la propiedad. La realidad americana y una posible afinidad con el pensamiento de Bartolomé de las Casas mostrarían la influencia que el experimento americano tuvo sobre Locke.

Analizada desde la teoría del *Second Essay,* la independencia de las colonias no alcanza el carácter de revolución. Dada la estructura del gobierno colonial de fines del siglo XVIII, no se trató de un regreso al estado de naturaleza, sino solamente de una ruptura con el gobierno existente. La tesis de Locke presentaría la curiosidad de que en este caso, la rebelión proviene de la corona británica y no de los colonos[95].

Un elemento esencial de la sociedad civil es la existencia de un árbitro que decida según normas y reglas establecidas, aplicables a todos por igual y administradas por hombres con autoridad. Quienes están unidos en un cuerpo, quieren una ley común y un juez a quien recurrir. Este juez es el Estado, y si este juez no existe, continuaría el estado de naturaleza, porque faltaría ese cuerpo único, imparcial y con autoridad, con un poder que respalde y dé fuerza a la sentencia.

Es muy importante señalar que el compromiso asumido al constituir el cuerpo político fue hecho por padres progenitores que, al renunciar a su libertad natural, se han obligado a sí mismos y a su posteridad a una perpetua sujeción al gobierno. Este compromiso parece problemático, porque no puede justificarse un compromiso que obligue a los hijos o descendientes. La contradicción parece resolverse si se considera que lo que el compromiso permitiría es que un descendiente se aparte individualmente de la comunidad para incorporarse a otra, pero no un cambio

---

[95] La etimología de rebelión *(rebellium)* significa una vuelta al estado de guerra anterior. Rebelde es el que provoca este regreso, y si el que lo provoca es el gobierno (al incumplir sus obligaciones), él es el rebelde.

del cuerpo político, a menos que se produzca un incumplimiento por parte del gobernante.

Locke no se aparta de la tipología tradicional en cuanto a las formas de gobierno. Cuando el poder de la comunidad reside en la mayoría y ésta emplea ese poder para hacer leyes y designar funcionarios para ejecutarlas, la forma es una democracia perfecta. Cuando el poder está en manos de pocos, la forma de gobierno es aristocrática y cuando está en manos de uno solo, estamos en presencia de una monarquía. Pero hay una afirmación muy importante, y es que la comunidad puede combinar las formas de gobierno e instituir un gobierno mixto, si le parece conveniente. Si la forma de gobierno está dada por el asiento del poder parece difícil concebir una forma de gobierno combinada, pero parece sostener que las instituciones del sistema pueden variar en sus características y aun en los titulares de las funciones que crea[96]. Porque, agrega, "el tipo de Estado dependerá de donde se deposita el poder de legislar". El Poder Legislativo es supremo y de este poder depende la forma de gobierno. Por eso, la primera y fundamental ley positiva de un Estado, que se produce por el consentimiento de todos, consiste en establecer un Poder Legislativo, para preservar la comunidad. Pero este Poder Legislativo supremo no puede ser ejercido absoluta y arbitrariamente sobre la fortuna y la vida del pueblo, dado que como nadie tiene este poder sobre sí mismo, no se concibe que pueda transferir algo así al Poder Legislativo. Éste está limitado a procurar el bien público de la sociedad y el de cada individuo, siempre que sea compatible con el bien general.

Hay en el hombre, dice Locke, una natural inclinación a desear la vida social y la compañía, y a buscar un régimen (expresa o tácitamente acordado) que regule esta convivencia. En virtud de estas leyes, los hombres son animados a permanecer unidos si se empeñan en realizar las acciones que el bien común requiere. Sin embargo, para que estas leyes estén bien concebidas deben considerar que la voluntad del hombre es radical y obstinadamente rebelde y reacia a obedecer las leyes por naturaleza. Las leyes de la naturaleza no cesan cuando se vive en sociedad: son como una regla eterna a la que se someten todos los hombres. Todas las leyes se rigen por

---

[96] Esto será fundamental para los constituyentes americanos.

una regla superior (son las leyes de Dios y de la naturaleza), porque el poder absoluto y arbitrario y la posibilidad de gobernar sin leyes establecidas son incompatibles con los fines de la sociedad. El Poder Legislativo no puede hacer lo que quiera, porque ha sido dado por el pueblo con fines ciertos y precisos. La comunidad conserva siempre un poder supremo y puede alterar o disolver la Legislatura si ésta no cumple o si constituye una amenaza para la libertad y propiedad de los súbditos.

Hay en este pensamiento la concepción de un hombre no confiable y al que, precisamente, las leyes deben ordenar y constreñir. Es esta desconfianza hacia el hombre natural lo que produce temor hacia los funcionarios y las mayorías. Es por eso que la mayoría representada en el Poder Legislativo está limitada, al igual que el efecto de las leyes que produce. Por un lado, está limitada por las leyes naturales y por el bien común. Por el otro, la variación y rotación de sus miembros y la disolución del Poder Legislativo, una vez cumplida su función, constituyen también una restricción.

La prerrogativa es un recurso posible para aplicar enmiendas a las leyes que pueden producir fallas o situaciones no deseadas cuando se aplican. La prerrogativa no es más que el poder que el príncipe tiene para aquellos casos en los que, debido a sucesos imprevisibles, las leyes no pueden proporcionar una solución ni asegurar el bien del pueblo. Locke se preguntaba a quién le correspondía juzgar si el uso de la prerrogativa era adecuado. Entre un Poder Ejecutivo con uso de la prerrogativa y un Legislativo que depende de su voluntad, no hay juez posible[97].

La vieja desconfianza en el hombre por naturaleza y, por consiguiente, en el legislador, provoca el peligro de disolución del gobierno cuando el Poder Legislativo se descompone. La esencia de la sociedad consiste

---

[97] Locke, John: *Concerning Civil Government, Second Essay,* The University of Chicago, 1952, pág. 64; *"The old question will be asked in Chis matter of prerogative, But who shall be judge when Chis power is made a right use of'. I answer: Between an executive power in being, with such a prerogative, and a legislative that depends upon his will for their convening, there can be no judge on earth; as there can be none between the legislative and the people, should either the executive or the legislative, when they have got the power in their hands, design, or go about thee enslaver destroy them, the people have no other remedy in ibis, as in all other cases where they have no judge on earth but to appeal to Heaven; for the rulers in such attempts, exercising a power the people never put into their hands, who can never be supposed to consent that anybody should rule over them for their harm, do that which they have not a right to do".*

en tener una sola voluntad, y es el Poder Legislativo el que declara y mantiene esa voluntad. Pero ese Poder Legislativo puede actuar contrariamente a la misión que se le ha confiado, como cuando trata de invadir la propiedad del súbdito y hacerse a sí mismo amo y señor. Ya en este caso, la prerrogativa es insuficiente y de lo que se trata es de disolver el Poder Legislativo.

De igual forma, puede haber corrupción en los legisladores como representantes cuando actúan en contra de lo que se les ha encomendado, por acción de alguna autoridad. El pueblo quiere elegir libremente, que los legisladores sean elegidos libremente y que una vez elegidos actúen también con libertad. En este caso, la acción directa del pueblo es considerada negativa por quienes sostienen que el pueblo es siempre ignorante y está descontento, y que, por lo tanto, basar los fundamentos del gobierno en la opinión inconstante y el talante indeciso del pueblo no puede sino acarrear dificultades. A ello responde Locke que el pueblo no está predispuesto a abandonar fácilmente la forma elegida de gobierno, y que es muy difícil convencerlos de que tienen que corregir los errores (aun dentro del gobierno al que están acostumbrados), y que los problemas que los aquejan desde el principio (o se han ido introduciendo con el tiempo) no son fáciles de erradicar. La historia de Inglaterra muestra, afirma, la lentitud del pueblo en abandonar las viejas instituciones.

Dentro de las ideas de John Locke y en función del presente trabajo se destaca un tema como especialmente relevante. Se trata de la doctrina o principio de la mayoría. Este principio fue afirmado como una idea democrática solamente después del surgimiento del Estado moderno, asociado con el nombre de Maquiavelo.

Según Kendall, Locke fue el primero en ocuparse de la doctrina de la regla de la mayoría, en una escala suficientemente ambiciosa que justifica el interés de los expertos, especialmente en el tema de la *judicial review*. Para Kendall, aquellos que han buscado asociar a los constituyentes con el control de constitucionalidad han mostrado un interés similar en asociar las ideas de los constituyentes con la teoría de los derechos naturales de Locke. Si los derechos naturales se limitan solamente a los derechos otorgados por una Legislatura responsable ante la mayoría, los opositores al control de constitucionalidad pueden encontrar un símbolo extremadamente útil[98]. El nombre de Locke ha sido un símbolo en la lucha de la Constitución americana contra el poder, y extremadamente útil para aquellos que se han inclinado por el sistema judicial de control, en contra de la regla de la mayoría. Casi tanto como el nombre de Rousseau ha sido usado para privilegiar a la mayoría por sobre el Poder Judicial.

No es fácil, sin embargo, manejar el pensamiento de Locke en el conflicto entre su individualismo y la regla de la mayoría. Tanto Kendall como Dunn[99] encontraron notorias inconsistencias y contradicciones en el *Segundo Tratado,* el cual —debemos recordar— es un libro sobre política y no sobre ética. Kendall advierte sobre estas contradicciones que debemos igualmente cuidarnos de cometer el error de tomar una como la *doctrina* de Locke *real* y tomar las otras como inconsistencias. Los equívocos acerca del sentido de la filosofía lockeana en el debate sobre la *regla de la mayoría* deben ser explicados no como errores sobre lo que Locke dijo acerca del tema, sino en términos relativos a su visión general[100]. La primera de estas contradicciones se da entre el derecho de la mayoría con el individualismo y los derechos naturales, con los cuales Locke está comprometido. Así, la enunciación de la doctrina de la *majority rule (democracy is individual rights as majority rule)* aparece como una violación a sus propios principios, según los cuales es impensable una regla mayoritaria irrestricta. La mayoría adopta decisiones, pero su capacidad se encuentra limitada por todos lados por los derechos *inalienables* de los individuos y las minorías, porque Locke es el filósofo de derechos individuales a los cuales ni los propios individuos pueden renunciar.

---

[98] Kendall, Willmoore: *John Locke and the Doctrine of Majority-Rule,* University of Illinois, 1965, pág. 58: *"Those who have sought to associate the framers of the constitution with judicial review have had a comparable interest in establishing the association of ideas between the framers and John Locke's theory of natural rights. If Locke's natural rights are merely the rights vouchsafed by a legislature responsible to the majority, the opponents of Judicial Review can easily capture for themselves a symbol which might extremely useful".*

[99] Dunn, John: *The political thought of John Locke,* Cambridge University Press, 1969.

[100] Idem, pág. 98: *"We have however guard equally against the mistake of taken one of them as the doctrine of the "real" Locke and writing the others as inconsistencies... current misunderstanding about the bearing of Lock's philosophy upon the debate about majority rule must be explained less in terms of a failure to take notice of what Locke said about the problem than in terms of a widely shared conviction that he simply couldn't t have meant them".*

Su teoría de las formas de gobierno es, por lo tanto, inconsistente con su expresión del principio de la mayoría. Nunca hubiera aceptado una soberanía ilimitada, no ya de la mayoría, sino ni siquiera de la totalidad del pueblo, puesto que la sociedad requiere el acuerdo sobre: a) el bien común como fin de la sociedad, b) la clase de obediencia de cada uno y c) cómo deben ser hechas las leyes. Los hombres deben establecer una autoridad para resolver las diferencias sobre sus derechos, pero una vez establecida, la autoridad debe estar limitada. Las limitaciones a las que está sujeta la autoridad son muchas, siendo la primera el pacto o contrato social de origen. Tal como sostiene Nicolás Matteucci, el Poder Legislativo se encuentra creado, en la teoría de Locke, por esa ley positiva primera y fundamental, que jugaría como poder constituyente. A estos límites se agregan los que surgen de la sociedad, de la ley divina y del derecho natural, de acuerdo con lo que Locke expresa en el capítulo XI del *Second Essay*.

La soberanía del Poder Legislativo (la autoridad) se contrapone a la soberanía del pueblo; al afirmar simultáneamente a ambas, Locke incurre en el punto más débil e insatisfactorio de su teoría política, al decir de Pollock[101]. La supremacía del Poder Legislativo convertía al Estado en un gobierno legitimado por el consenso de los gobernados, y al mismo tiempo consagra la supremacía de la ley, con lo que Locke "no dejaba de sumarse a la otra gran doctrina constitucional sustentada en Inglaterra desde los tiempos de Bracton: la *rule of law*"[102]. Dice Locke que el pueblo mantiene restos de un poder supremo para remover o cambiar la Legislatura, cuando ésta actúa contrariamente a la confianza que se le ha entregado. En consecuencia, la comunidad retiene en forma perpetua el supremo poder de defenderse de los ataques de cualquiera, aun de sus legisladores[103]. Este poder justifica el derecho de

---

[101] Citado por Varela Suanzes, Joaquín: "La soberanía en la doctrina británica", en *Fundamentos: Soberanía y Constitución*, Instituto de Estudios Parlamentarios Europeos, 1999.

[102] Varela Suanzes, op. citada, pág. 114.

[103] Locke, John: op. citada, pág. 59: *"...there remains still in the people a supreme power to remove or alter the legislative, when they find the legislative act contrary to the trust reposed in them... and thus the community perpetually retains a supreme power of saving themselves from the attempt and designs of anybody, even of their legislators ...".*

resistencia (otro punto contradictorio en Locke) y aun el de cambio de la forma misma de Estado[104].

Pero también encontramos expresiones en defensa de la facultad de la mayoría, que deriva directamente de la soberanía popular y de la igualdad de los hombres. Los tres conceptos constituyen casi una unidad y están relacionados con el consenso del pueblo hacia el gobierno, base de su legitimidad. El consenso fue pensado como unánime; cuando Locke introduce las formas tácitas de consenso, pasa inmediatamente de una unanimidad real a una unanimidad virtual, y de allí, a la mayoría. Cuando un número de hombres han prestado su consentimiento para formar una comunidad y adoptar un gobierno, han quedado incorporados en un solo cuerpo político, donde la mayoría tiene el derecho de actuar y obligar al resto[105].

Kendall cree que Locke aceptó las implicancias de esta facultad de la mayoría, basada en los argumentos ya expuestos, que se reflejan en el párrafo del *Second Treatise* que dice haber demostrado que el único título legal para el ejercicio del poder político es el consentimiento popular, y que la mayoría del pueblo tiene el derecho de expresarse en nombre de todo el pueblo, en esta materia de consentimiento[106]. Pero admite que el mismo Locke no hubiera aceptado las consecuencias que esta afirmación implica, con relación a la opresión de las mayorías.

La solución para esta contradicción radica en advertir que la confrontación con la mayoría no estaba en la mente de Locke, porque el problema no surgió sino hasta 1787, cuando se les presentó a los constituyentes de Filadelfia.

---

[104] Según Varela Suanzes, Locke recibe la idea de George Lawson, a quien leyó en 1679. Lawson habría logrado conciliar una doctrina de un gobierno mixto con la soberanía popular.

[105] Locke, John, op. citada, pág. 46: *"When any numbers of men have so consented to make one community or government, they are thereby presently incorporated, and make one body politic, wherein the majority has a right to act and conclude the rest"*.

[106] Idem. pág. 55. *"I have already demonstrated that the only lawful title to the exercise of political power is popular consent. I have already demonstrated, too, Mat the majority of the people have a right to speak in Chis master of consent, for the whole people"*.

B. Las ideas de Montesquieu

Montesquieu es otro gran pensador europeo presente en las ideas de los colonos. Muchas de las tesis expuestas por él se encuentran tanto en los debates como en las instituciones políticas que ha creado la Constitución de 1787. Quizás el más duradero y notorio de sus aportes corresponda a la idea de la separación de los poderes que desarrolla en *El espíritu de las leyes,* especialmente en el Libro XI, Capítulo VI, al tratar "De la Constitución de Inglaterra". Pero la influencia de su pensamiento va más allá de este aporte y es mucho más fuerte que en su propio país.

Montesquieu no es un pensador sistemático y presenta también inconsistencias en su exposición. Sin embargo, es considerado el más importante filósofo francés del siglo XVIII, después de Rousseau. No es fácil resumir sus conclusiones, porque no están articuladas y parecen episódicas. Su influencia, sin embargo, es innegable. *El espíritu de las leyes* es una obra oscura e, incluso, se aduce que esta oscuridad fue intencional. Los elementos que distinguen su trabajo son, básicamente, dos: a) la vinculación que establece entre los sistemas de gobierno con las condiciones y circunstancias en las que se desarrollan y b) su intención de garantizar la libertad frente al *aborrecido* despotismo, mediante la articulación de una estructura de gobierno.

Para Montesquieu, existen relaciones de equidad anteriores a la ley positiva. Son leyes de la naturaleza, derivadas de la esencia misma del hombre, y que lo consideran en su condición previa a implantarse en la sociedad. Es en este momento, cuando la sociedad se establece, que se crean las leyes que rigen las relaciones entre gobernantes y gobernados, a las que se las conoce como *derecho político.*

Cada forma de gobierno tiene un principio determinado por su naturaleza y sobre el cual se asienta. Las leyes deben ser referidas tanto al principio como a la naturaleza de cada gobierno; el conocimiento del principio del gobierno es fundamental, porque cuando se corrompe, aun las mejores leyes se transforman en malas y se vuelven contra el Estado; en el caso contrario, cuando los principios son sanos, hasta las leyes malas pueden ser superadas. Cualquier cambio en la Constitución, aun el más pequeño, lleva consigo el riesgo de producir la ruina de los principios.

De acuerdo con la necesidad de determinar el principio, Montesquieu sostiene que la naturaleza del gobierno republicano es aquella en la cual el pueblo tiene el poder soberano, hace las leyes y se expresa a través del sufragio, que refleja su voluntad. Cuando el poder está en manos de la totalidad del pueblo, el gobierno se asienta en el principio de la democracia; cuando ese poder reside en manos de un grupo de familias, la forma de gobierno es aristocrática. Ambas son formas republicanas de gobierno y se oponen como tales a la forma monárquica, en la cual el poder reside en el príncipe. Pero aun en este caso, el poder está limitado y debe ejercerse conforme a las leyes establecidas. En la medida en que esta limitación está presente, cualquiera sea la forma que adopte, el gobierno no puede ser considerado despótico.

Montesquieu fue visualizado en Francia, más que por cualquier otro elemento, por el carácter aristocratizante de su obra. Aun cuando sostiene que en una democracia el poder reside en el pueblo, ha expuesto muchas dudas con respecto a esta forma de gobierno. El pueblo manifiesta su voluntad en el sufragio, pero aunque la mayoría de los ciudadanos está capacitada para elegir, no lo está para ser elegida. El pueblo tiene capacidad suficiente para valorar la gestión de los demás, pero no la tiene para llevar la gestión por sí mismo.

Los hombres en estado de naturaleza son libres e iguales: éste es el fundamento de la democracia. Sin embargo, este principio se corrompe no sólo cuando se pierde el sentido de la igualdad, sino también cuando el sentido de igualdad adquiere un carácter extremo que lo desnaturaliza. En una democracia sometida a normas, todos son iguales; pero esta igualdad se refiere solamente a su carácter de ciudadanos. En una democracia donde no imperan las normas, los hombres son también igualados en las funciones que desempeñan, por más disímiles que sean. Los jueces y magistrados, por ejemplo, son equiparados a cualquier otra ocupación, aunque sea muy inferior, lo que desnaturaliza al sistema democrático. Por lo tanto, en la democracia hay que evitar los dos excesos: el espíritu de desigualdad llevará a la aristocracia, y el de igualdad extrema terminará conduciendo al despotismo. De lo que se trata no es de no tener dueño, o de que nadie sea mandado, dice Montesquieu, sino de obedecer y mandar a los iguales, de tener por dueños sólo a los iguales. Los hombres en sociedad no pueden conservar esta igualdad y son únicamente las leyes las que pueden recuperarla. Es en el momento de la fundación de una nueva república cuando se establecen las leyes que implantan la igualdad en la democracia.

El concepto de libertad también produce confusión. *Libertad* ha recibido significaciones muy diferentes: facultad de deponer al tirano, de elegir a quién obedecer, de ir armado y ejercer la violencia, como el privilegio a ser gobernado sólo por su nación, y algunas otras significaciones. Cada cual se ha considerado en libertad cuando el gobierno en funciones se ajustaba a sus costumbres. Con frecuencia, se ha hecho residir la libertad en las repúblicas, por contraposición a las monarquías, y se la ha asimilado al poder del pueblo, porque en las democracias parece que el pueblo hace lo que quiere. Pero la libertad política no consiste en hacer lo que uno quiera, sino que es el derecho de hacer todo lo que las leyes permiten; situación posible sólo en los Estados moderados, donde no se abusa del poder.

Hay un fin común básico para todos los Estados, y es su propia permanencia. Pero, además, cada uno tiene un fin, que es particular y propio. La libertad política del ciudadano depende de la tranquilidad de espíritu respecto a su seguridad; ningún ciudadano debe temer nada de otro. Para que no se pueda abusar del poder, es preciso que por la disposición de las cosas, el poder frene al poder.

Había una nación cuya Constitución tiene a la libertad política como fin propio. Era Inglaterra, nación a la que Montesquieu tomó como ejemplo, por la búsqueda de la libertad política. *El espíritu de las leyes* describe la composición del gobierno inglés, dividido en tres poderes: el Legislativo, el Ejecutivo relativo al derecho de gentes y el Ejecutivo relativo al derecho interno. El primero tenía como función la promulgación de las leyes; el segundo, las relaciones con los otros estados, y el tercero (al que llama judicial), el de juzgar a los particulares y castigar delitos. Esta distribución en tres poderes o funciones establecidas en la Constitución es la que garantizaba la libertad política.

En la concepción de Montesquieu, el Poder Judicial tiene ciertas características específicas. La primera es que debe estar separado de los otros dos. Señala además que su poder es nulo y no tiene más fuerza que su propia decisión. No debe ser ejercido por un organismo permanente de tribunales fijos, sino por personas del pueblo, en forma rotativa. El contenido de la sentencia siempre corresponde al texto expreso de la ley. En el gobierno republicano, es propio que existan formas de procedimiento y los jueces sigan estrictamente la letra de la ley.

Los otros dos poderes, por el contrario, tienen fuerza propia y por eso es necesario un poder regulador que los atempere. En este tema, Montesquieu hace una interesante introducción: señala la diferencia entre la facultad de estatuir el derecho, de ordenar y de corregir lo ordenado por otro, por un lado y la facultad de impedir o anular una resolución ajena (como la que tenían los tribunos de Roma), por el otro. La constitución del gobierno descrito permite esta interrelación: el Legislativo está compuesto por dos partes, cada una de las cuales tendrá sujeta a la otra por su mutua y recíproca facultad de impedir la acción de la otra, y ambas estarán frenadas por el Poder Ejecutivo, que a su vez está controlado por el Legislativo.

Ésta es la base del pensamiento de Montesquieu referida a la doctrina de la separación de los poderes y a la estructura del gobierno republicano, que es su aporte más significativo al pensamiento americano. Pero hay otras materias donde su influencia es notoria. Una de ellas se vincula con los problemas de la extensión territorial del Estado y las propuestas de soluciones que formula. *"Es propiedad distintiva de la República, un pequeño territorio"*, dice. Una república extensa posee grandes fortunas y poca moderación y en ella, el bien común se sacrifica ante un gran número de consideraciones. Por el contrario, en una república pequeña el bien público es evidente y se palpa[107]. Un gobierno monárquico, por el contrario, debe ser de extensión mediana. Si fuera pequeño, sería república; si fuera más grande, sería ingobernable o caería en un gobierno despótico. Para mantener los principios del gobierno, la extensión debe permanecer constante.

El gobierno monárquico tiene ventajas (como su fuerza exterior) sobre el republicano; éste, a su vez, muestra sus ventajas en el orden interno. Hay una forma de gobierno, afirma Montesquieu, que une las ventajas interiores de un gobierno republicano (su manejabilidad) con las de un gobierno monárquico (su fuerza exterior). Esta forma es la *república federativa,* que consiste en un convenio según el cual varios cuerpos políticos consienten en convertirse en ciudadanos de un Estado mayor que se proponen crear. Se trata de una sociedad compuesta de sociedades y susceptible de aumentar en virtud de la incorporación de nuevos asociados. La constitución federal debe estar compuesta por estados de la misma naturaleza, especialmente por

---

[107] Además, en una república de este tipo, la educación general puede llegar a todo el pueblo, con los beneficios que ello entraña.

estados republicanos. Una sociedad de estas características es capaz de resistir a las potencias exteriores y puede mantener su extensión sin que el interior se corrompa.

Una segunda solución al problema de la extensión se refiere a la representación. En un estado libre, todo hombre debe gobernarse por sí mismo. Como ello es imposible en los estados grandes, el gobierno debe ejecutar sus acciones por medio de representantes de los ciudadanos. El concepto de *representación* no le provoca dificultades a Montesquieu. Por el contrario, encuentra que la gran ventaja de los representantes es su capacidad para discutir los asuntos, mientras que el pueblo no está preparado para hacerlo (el gran inconveniente de la democracia). Si los representantes recibieron instrucciones generales, no hace falta que reciban instrucciones particulares sobre cada asunto: el pueblo debe limitarse a elegir a sus representantes, sin otra intervención en el gobierno.

Las leyes fundamentales suponen necesariamente ciertos conductos y cuerpos intermedios por donde fluye el poder. Por eso, debe haber algunos poderes intermedios, subordinados y dependientes, porque si en el Estado no hubiera más que la voluntad momentánea y caprichosa de uno solo, nada sería estable. Ni siquiera habría ley fundamental.

La virtud política es otro elemento presente en el pensamiento de Montesquieu. Quien posee virtud política es un hombre de bien (hombre de bien en el sentido político, y no el hombre de bien de la doctrina cristiana). Es imposible pensar en un Estado republicano sin la virtud, así como no se puede pensar en un Estado monárquico sin el honor. La virtud en una república es, sencillamente, el amor a la República, un sentimiento que puede ser expresado por cualquier hombre, tanto por el último como por el primero[108]. El principio de la república es esta virtud política, y toda institución que la posea es útil a la república.

El amor de la virtud política se extiende a las leyes tanto como a la patria, y requiere la preferencia continua del interés público sobre el interés personal. Por dicha virtud, el ciudadano está obligado a aceptar los cargos públicos como un testimonio de republicanismo, porque la virtud republi-

---

[108] En una democracia, el amor a la república coincide con el amor a la igualdad.

cana exige un sacrificio continuo de uno mismo. Esta idea ya estaba en los políticos griegos, dice Montesquieu, para quienes no había más fuerza que la virtud para vivir bajo un gobierno popular, donde era tan necesaria como en la aristocracia. Cuando existe esta virtud política, las virtudes particulares o morales vienen por añadidura. Los dos ámbitos se manifiestan por separado y, por eso, afirma que no todos los vicios morales son vicios políticos ni todo vicio político es vicio moral.

Hay una notable contraposición entre ley y virtud. Cuanta más ley existe, menos virtud es necesaria[109]. Las leyes humanas están sometidas a los accidentes y a las variaciones a medida que cambia la voluntad de los hombres. Pero siempre deben orientarse hacia la conservación del Estado; entre una ley política que destruye al Estado por cualquier circunstancia, y una ley política que lo preserva, esta última debe ser preferida, puesto que responde al principio de la salvación del pueblo como ley suprema.

Los cambios de costumbres y hábitos tienen una secuencia diferente que los cambios de las leyes. Las leyes se reforman por medio de leyes y las costumbres por costumbres, porque es mala política cambiar por leyes lo que debe ser cambiado mediante hábitos.

C. Las ideas de Harrington

Harrington[110], cuyas ideas pueden encontrarse en el pensamiento de la revolución americana, es el tercer pensador que me interesa analizar. Su obra no tiene la divulgación que tienen los pensamientos de Locke y Montesquieu, pero su presencia en los debates en el período de gestación de la Constitución americana es evidente, lo que justifica la gran cantidad de bibliografía dedicada a analizar esta presencia.

Harrington padece, en mucha mayor medida que Montesquieu, una doble valoración: ha sido poco reconocido en su país y por sus contem-

---

[109] Las costumbres y los hábitos participan también de este rol de la ley. La diferencia que ve Montesquieu es que las leyes son instituciones particulares y especiales del legislador; las costumbres y los hábitos, instituciones de la nación en general. La diferencia consiste en que las leyes regulan los actos del ciudadano y las costumbres, los del hombre.

[110] Harrington, James: *The Commonwealth of Oceana and A system of Politics*, Cambridge, 1992.

poráneos y, por el contrario, sus escritos cumplieron un papel relevante en el desarrollo del pensamiento de las colonias americanas.

Esta aceptación tiene fuertes razones. Especialmente, debe destacarse la que se origina en la forma en que son tratados los temas, ya que hay un cambio muy importante con relación a las formas de ideas similares de los siglos XVII y XVIII. Harrington es un gran defensor del republicanismo, pero su argumentación no parte de la teoría ni de especulaciones abstractas. No es el derecho natural ni el poder soberano del pueblo el que justifica su adhesión al gobierno republicano. Su argumentación no tiene las características de las posiciones juridicistas, sino que el republicanismo que sostiene es consecuencia de la evolución social y económica que observaba en el mundo real. Más que un filósofo político, su perfil es el de un hombre abocado a encontrar soluciones prácticas para los problemas que la crisis europea enfrentaba. Intentaba orientar y moldear la política de su país y no teorizar; su método de análisis se aleja de quienes, como Hobbes y Locke, especulaban sobre hipotéticos orígenes de la comunidad política. No intentó ofrecer una teoría más o menos general del Estado, sino unas reflexiones provocadas por el estudio de la historia y la comparación de los sistemas de gobierno existentes, a través de la percepción de la realidad política. Una actitud como la suya, semejante a las actitudes de Maquiavelo y de Bodin, no podía sino ser muy sensible al sentido práctico de los colonos americanos, que estaban muy lejos de las teorías abstractas.

Pocock pone a Harrington en una situación similar a la de ellos: la necesidad de imaginar y poner en acción a un gobierno. Su preocupación era entender el colapso de la monarquía y saber qué podía reemplazarla, y en sus ideas quedó vinculado a la teoría de un gobierno *de facto,* por lo que se encuentra cercano a Maquiavelo.

Esbozó una teoría republicana, pero lo hizo desde la definición del hombre como ciudadano y no como súbdito, con un lenguaje ajeno al del derecho natural. Como ha explicado Pocock, Harrington vuelve a un vocabulario anterior, en el cual el concepto de propiedad y de naturaleza expresa que el hombre es un animal político y es, por su naturaleza, un ciudadano y no un súbdito, una criatura que usa su inteligencia para definirse a sí mismo, más que para sujetarse a la ley. Ésta es la característica que muestra a Harrington como un republicano, más que como un cristiano ortodoxo[111].

El segundo elemento que explica la aceptación que tuvo en América fue su concepción de que el gobierno y el cuerpo político se definen por las fuerzas sociales y económicas tanto como por su estructura y su funcionamiento. La desaparición del feudalismo le hizo creer que un nuevo sistema de propiedad podía lograr la estabilidad de una forma de gobierno.

Para Harrington, el republicanismo parte de la división de la propiedad de la tierra, y lo institucional se fundamenta en la economía, en el derecho de propiedad. La clase media, que controla la propiedad de la tierra, es la fuente del poder político. Éste es, con seguridad, su principal aporte: la posibilidad de estabilidad de la forma de gobierno depende de la distribución de la propiedad, y, principalmente, de la propiedad de la tierra. Aristóteles ya había señalado esta relación, al establecer que las revoluciones y la inestabilidad de las formas de gobierno se originan en las desigualdades de propiedad.

El ejercicio del poder presume una fuerza social subyacente, aquella que dispone de los recursos suficientes para proveer a su subsistencia y a la de todos aquellos que no puedan proveérsela por sí mismos (como los asalariados, por ejemplo). Esta afirmación prendía mucho más en la realidad que las explicaciones abstractas de Hobbes y Locke respecto a la relación de poder. En la medida en que este control de la propiedad fuera cambiando de manos, también se modificarían las pretensiones políticas de los nuevos propietarios, con la inestabilidad como consecuencia obligada. La permanencia y estabilidad del poder tiene una correlación directa con las clases propietarias y su participación en el poder. La república como forma estable era inevitable, dada la evolución social que Harrington observó en su tiempo, sin que esta afirmación significara una objeción teórica contra la monarquía.

---

[111] Pocock, J.G.A.: "Introduction" en *The Commonwealth of Oceana*, Cambridge 1992: *"He reverts almost unequivocally to an earlier vocabulary, one in which the concepts of property and nature functioned as mean of pronouncing that man the political animal was by nature a citizen and not a subject, a creature who used intelligence to define himself rather to acknowledge binding law. It was Chis which made Harrington a republican and made it hard to be an orthodox Christian".*

Harrington partió de la clasificación tradicional sobre las formas de gobierno, y distinguió entre monarquía absoluta, monarquía feudal y república, pero fundamentó la diferencia en la forma de propiedad de la tierra. Un cambio en la forma de gobierno no era producto de la corrupción, sino de un cambio en la propiedad de la tierra. Llamó *formas impuras* a las que, por cualquier razón, no satisfacían esa correspondencia entre formas de gobierno y formas de propiedad de la tierra. Este realismo y neutralidad lo asemeja a Maquiavelo, aunque en su esquema sobre el cambio de las formas de gobierno no considere las otras causas que, según el florentino y el pensamiento clásico de la época, originan el ciclo reiterado de corrupción y renovación.

La propiedad es la *fuerza* o el poder dentro de un cuerpo civil, y se complementa con la autoridad. La autoridad es el segundo principio, pero, a diferencia del poder, se asienta en otro tipo de bienes, como la sabiduría, el valor y la prudencia, que corresponden al espíritu. Simétricamente a esta distinción, Harrington señaló la diferencia entre lo que denomina la *prudencia antigua,* aplicable al gobierno de las leyes y orientada al bien común, y la *prudencia moderna,* que corresponde a un gobierno favorable al privilegio, ya sea de una clase o aun de un individuo. En estas imágenes de la prudencia vio reflejadas, respectivamente, la república (como el gobierno de las leyes) y la monarquía, absoluta o feudal (como el gobierno de los hombres).

La sabiduría de un individuo mira a su interés, mientras que la sabiduría de la comunidad contempla el interés común. La política consiste en hacer coincidir ambos intereses, y esta coincidencia se obtiene de manera natural en una república. Se trata de impedir que la propiedad esté concentrada, no ya por razones abstractas de justicia, sino de conveniencia política y social, para garantizar la estabilidad de un cuerpo social donde la ciudadanía es ejercida sólo por propietarios. El derecho de la ciudadanía tiene restricciones económicas y sólo pueden disfrutarlo quienes pueden vivir de lo suyo, de su actividad propia; quedan excluidos los criados y los asalariados, que no integran la categoría de ciudadanos en la *República de Oceana.*

Harrington no fue un economicista ni un demócrata convencido, sino que reivindicó- permanentemente la *selectividad.* El fundamento económico de la propiedad, en su doctrina, tiene importantes consecuencias en la organización del cuerpo político, reservado a los ciudadanos propietarios. Sus afirmaciones no correspondían a sus deseos propios, sino a la realidad que observó, correspondiente a la Inglaterra de su época, a su evolución y a los problemas que enfrenta. Su teoría consiste en confiar plenamente en que la organización y estructura del cuerpo político son capaces de articular debidamente la sociedad. Por eso, sobre la base de la propiedad como cimiento del poder, especuló con una estructura de gobierno que expresara la voluntad popular y la hiciera participar en el gobierno, para lo cual propuso tres mecanismos:

a)   rotación en los cargos. Los funcionarios debían ocupar el cargo por tiempos cortos, no pudiendo ser reelectos;

b)   elección secreta, para que la libertad del votante fuera total;

c) separación de los poderes, con un rol reservado a la minoría (la preparación y formulación de la política) y otro a la mayoría (el rechazo o la aceptación de la propuesta, sin deliberación)[112].

Otros elementos que se encuentran en la obra de Harrington se han convertido en fórmulas usuales en el Derecho Constitucional moderno. Sabine encuentra implícito en las ideas de Harrington el concepto de constitución como documento escrito que organiza al gobierno y se encuentra por encima de la legislación ordinaria.

---

[112] La separación de poderes, tal como la concibe Harrington, no tiene relación con la que propuso Montesquieu un siglo más tarde; más bien refleja que es posible concebir una república con un criterio aristocratizante.

VI

LAS DIFERENCIAS CRUCIALES
CON LA REVOLUCIÓN FRANCESA

Las dos revoluciones presentan rasgos comunes y antecedentes similares, en términos generales. Dentro de un esquema común de conceptos básicos, se articulan diferencias entre las bases filosóficas, las ideas básicas y los pensadores que influyen en el desarrollo de cada una. Ya las circunstancias muestran un escenario dispar. A ello se le agregan las divergencias en ciertas ideas clave, que pueden explicar por qué los sistemas adoptados para sus respectivos cuerpos políticos no fueron los mismos, como demuestran los resultados que lograron ambas. El control de constitucionalidad es una institución donde esta diferencia se puede apreciar mejor. Los conceptos sobre la naturaleza del hombre, la igualdad, la libertad, el Estado absolutista y la distinción entre autoridad y. poder son los términos que definen la razón de la divergencia.

a) La naturaleza del hombre

El primer elemento de utilidad para la comparación presente es la naturaleza del hombre, tal como era concebida en relación con el origen de la sociedad civil y del cuerpo político. El hombre colonial, que seguía a Locke en este tema, consideraba al hombre defectuoso por naturaleza y a las instituciones como los instrumentos que crean las condiciones para que esos defectos no obstaculicen la búsqueda de su felicidad personal. Esta concepción lleva a desconfiar del hombre y de su bondad, y mueve, en cambio, a depositar la confianza en las instituciones.

El pensamiento de Rousseau, que impregna a la Revolución Francesa, tiene el signo opuesto: el hombre es bondadoso por naturaleza. Lo corrompe la necesidad de la convivencia en una sociedad civil. La doctrina social de Rousseau que orientó a los revolucionarios franceses se apoyó en este concepto de la naturaleza humana. Su pensamiento no fue muy conocido en la América sajona, y sólo se difundió y fue comprendido en el siglo XIX. Para los colonos, lo que importaba eran las instituciones que emanan del poder emergente de vínculos, promesas, reunión y pactos celebrados entre ellos. Sólo cuando ese poder se mantiene intacto es posible fundar un cuerpo político perdurable. La capacidad para construir una sociedad civil reside en la facultad humana de cumplir esos pactos y promesas, y no en su naturaleza.

Esos pactos y promesas no existieron en la Francia del siglo XVIII. La revolución constituyó un retorno al *estado de naturaleza,* disolviendo los vínculos entre franceses.

b) Igualdad y libertad

El concepto y la vivencia de la igualdad actuaron de manera diferente a ambos lados del Atlántico. De acuerdo con la percepción de los colonos, la igualdad no estaba en juego, porque los hombres en América eran iguales, como también lo eran en Inglaterra. En cambio, el concepto de la igualdad de los hombres fue una irrupción novedosa en el feudalismo francés.

En el pensamiento corriente en América los hombres eran desiguales por *naturaleza;* pero esta desigualdad era corregida por las instituciones que hacen a los hombres iguales *ante la ley* y es la forma de gobierno la que garantiza esta igualdad. La democracia francesa partía del principio opuesto: la igualdad está dada por naturaleza y son las instituciones las que establecen las diferencias, en forma de privilegios injustificados.

La idea de igualdad chocó en el nuevo mundo con el concepto de libertad, choque originado en la concepción sobre la naturaleza humana que tenían en América. Una forma de gobierno que se planteara como objetivo establecer una igualdad que no existe por naturaleza, tarde o temprano debía confrontar con la idea de libertad, como efectivamente ocurrió. Si la democracia era el gobierno de quienes buscan establecer la igualdad, era inevitable que se contrapusiera a una forma republicana de gobierno, donde el valor más importante era la libertad.

Este temor a la igualdad ya estaba en los pensadores que influían ideológicamente en las colonias, como Harrington. E incluso, el propio Montesquieu parece privilegiar a la libertad por sobre la igualdad, como la base del republicanismo. Había una desconfianza generalizada hacia el gobierno democrático, no por el igualitarismo en sí mismo, sino por la naturaleza turbulenta e inestable de la democracia, consecuencia de la veleidad de los ciudadanos. El pensamiento corriente francés introdujo el concepto de *opinión pública* como representativa de la igualdad, creando una voluntad única, una sociedad unánime. El cuerpo social era uno, expresado mediante una voluntad única y general.

Los *padres fundadores* negaron la existencia de esta unanimidad y alentaron la coexistencia de facciones (el gran temor de la Revolución Francesa) y la convivencia de mayorías y minorías. Ésta fue la base de su construcción institucional y política y la que sentó los fundamentos del control constitucional.

Ambas revoluciones compartieron una profunda preocupación por la libertad pública, pero con una interpretación diferente. Mientras para los franceses, era un concepto íntimamente ligado al de igualdad (que excluía a los privilegios feudales bajo los cuales vivían), para el pensamiento americano la idea de libertad era otra, que se bifurcaba en dos corrientes.

Por un lado, para el republicanismo clásico, *libertad* no podía sino significar la participación en los asuntos públicos, participación mediante la cual se obtiene la *felicidad pública*. Para Locke y para Harrington, como ideólogos del liberalismo, hay una íntima relación entre libertad y propiedad. La ley estaba para proteger a la propiedad, porque es la propiedad, y no la ley, la que garantiza el ejercicio de la libertad[113].

Otra forma de encarar la diferencia en el concepto de libertad introduce la forma *liberación,* que se dio en el fenómeno francés y no en el americano. La liberación es la obtenida por una rebelión; la libertad, en el pensamiento de los colonos, es la que se afirma con la Constitución. El proceso de rebeldía colonial estaba ya superado en el momento de discutir las bases de la Constitución del nuevo gobierno. En el debate en América, el concepto de libertad no estuvo impregnado por el de liberación.

Hannah Arendt ve en esta diferencia una relación con la distinción entre la libertad negativa y la libertad positiva. Las libertades civiles pueden estar garantizadas por cualquier gobierno limitado, incluso la monarquía,

---

[113] La aparición de hombres libres sin propiedad es posterior, y esa aparición originó un cambio importante, que planteó la necesidad de leyes que protegieran directamente a los hombres, y no a través de su propiedad.

pero se trata de libertades negativas[114]. Guardan al ciudadano del abuso del gobierno, pero no promueven su participación en la esfera pública. El concepto de libertad pública enfrentó, por vez primera, en esta época de revoluciones, a la monarquía con la república. La historia había mostrado confrontaciones entre la tiranía y el derecho, entre el absolutismo y la monarquía limitada, pero a partir de ese momento, la limitación del ciudadano a la esfera privada, la garantía de la libertad negativa y la protección contra el abuso del gobierno ya no fueron suficientes: la república debía garantizar su participación en el gobierno, como ejercicio de la libertad pública. Así fue entendido en las colonias, pero no en la república francesa.

c) Absolutismo

El fenómeno de la secularización, al separar el poder temporal del poder religioso, hizo desaparecer el respaldo a la legitimidad temporal proveniente de la religión, dejando al poder político sin respaldo. Cualquier autoridad nueva se encontraría con la necesidad de legitimar su poder. La doctrina del origen divino de los reyes fue una respuesta a esta necesidad, pero no pudo mantenerse al tiempo de la revolución y se reveló como una falsa solución. La teoría llevó a la concepción absolutista de la monarquía, pero dado que la revolución se realizó contra un gobierno absolutista, era imposible suplantarlo por otro similar, porque no había forma de legitimarlo y constituía una contradicción severa con las ideas revolucionarias.

El absolutismo concebía al poder como omnipotente; su falta de limitaciones lo convertía en una voluntad única y universal, sin fisuras, que expresaba su voluntad a través de la ley. Rousseau visualizó así el poder, ya fuera investido en un monarca o en el pueblo. Un poder concebido de esa manera legitimaba a la ley, de la cual era la única fuente posible. Esta forma de legitimación creó problemas insolubles para la Revolución Francesa y marca un punto clave para entender la diferencia entre ambas revoluciones. La forma en que los colonos americanos enfrentaron el problema de la legitimidad de las leyes y del gobierno fue totalmente opuesta a la francesa y es la causa de la diferencia entre sus concepciones constitucionales.

---

[114] Esta diferente concepción de "libertad" se evidencia en la forma lingüística inglesa, que diferencia entre "liberty" y "freedom", diferencia que no existe ni en idioma francés ni en el español.

Los revolucionarios franceses no pudieron encontrar una fuente de la cual derivar el poder y su actividad legislativa. La falta de una fuente externa legitimante producía un círculo vicioso: si no había ley, no se podía legitimar un poder; si no había un poder legítimo previo, no existía fundamento para el derecho. Quedaba planteada, sin solución, la distinción entre el poder constituyente y los poderes constituidos, que Siéyes había expuesto. Esta distinción, propia del derecho constitucional, llevó al ineludible problema del *origen,* problema que acompaña a toda fundación y es también el problema mismo de la revolución.

Tanto Rousseau, con su explicación de la voluntad general y unánime, como Siéyes, pensaron a la nación como soberana. Tal como se había dado con el rey, el pueblo se encontraba por encima del derecho. En uno y otro caso, la soberanía era la fuente del poder secular y su voluntad era expresada por la ley. Derecho y poder eran sinónimos, porque no hay derecho por encima del poder: ambos se potencian y legitiman mutuamente.

Una nación soberana e ilimitada, como la concibieron Rousseau y Siéyes, resuelve este problema. La nación se comporta en una forma similar a como se comportaba el príncipe; es el origen de toda legalidad posible y no está sujeta ni siquiera a la ley que ella misma ha dictado.

Esta dificultad no se presentó en el caso americano, porque el dilema fue resuelto en forma distinta. Para la mentalidad colonial, la diferencia entre poder y derecho era evidente, y una nación cuya voluntad general tuviese carácter de poder absoluto no era necesaria. Dado que poder y derecho eran distintos y no se legitimaban mutuamente, se requería encontrar una fuente de legitimidad para la soberanía popular, por un lado, y para la perduración de la forma de gobierno y las leyes, por el otro. La Constitución fue el factor legitimante para ambos problemas, porque distinguió el poder constituyente, revolucionario y fundador, de los poderes constituidos que ella misma establecía. La soberanía popular como poder constituyente se legitimaba por su carácter de fundante; el gobierno y el derecho se legitimaban con la constitución.

d) Poder y autoridad

El poder radicado en las colonias permitía esta solución, ya que estaba originado en los pactos y convenios celebrados entre los colonos llegados a América. La terminología de estos documentos es clara. En noviembre de 1620, a bordo del Mayflower *"by these Presents, solemnly and mutually in the presence of God and one another, covenant and combine ourselves together into a civil Body Politick, for our better Ordering and Preservation, and Furtherance of the Ends aforesaid; And by virtue hereof do enact, constitute and frame, such just and equal Laws, Ordinances, Acts, Constitutions and Offices, from time to time, as shall be thought most meet and convenient for the General Good of the Colony; unto which we promise all due Submission and Obedience"*[115]. Documentos similares posteriores se expresaban en el mismo sentido y con idéntica terminología. El poder y la capacidad legislativa estuvieron desde siempre en manos de las colonias.

Un gobierno debe complementar este poder con la autoridad: poder y autoridad en conjunto componen el gobierno. Esta fórmula se encontraba ya en el Derecho Romano y fue señalada también por Harrington; ambos fueron fuentes del pensamiento americano. La autoridad necesaria para complementar el poder estaba en las cartas reales, que aparecían legitimando el poder de las colonias.

La primera de esas cartas data de 1606, y en ella el rey *"ordain... that each of the said colonies shall have a Council, which shall govern and order all Matters and Causes which shall arises, grow or happen, to or within the same several Colonies... "*[116]. Esta fórmula está reiteradamente repetida en las subsiguientes Cartas de Virginia, Massachussets, Maryland y posteriores.

Cuando se interrumpió la relación con la corona, esta autoridad desapareció y los colonos debieron reemplazarla para que, complementando su poder, conformara un gobierno perdurable.

---

[115] *Documents of American History,* editado por Henry Steele Commager, Appleton Century-Crofts, Nueva York, 1949, pág.15. "Por la presente, solemne y mutuamente en presencia de Dios y de cada uno, acordamos y nos unimos en un cuerpo político civil, para nuestro mejor orden y preservación, y consecución de los fines mencionados; y en virtud de ello, aprobamos, constituimos y organizamos tales leyes justas e igualitarias, ordenanzas, normas, constituciones y funciones, periódicamente, como se consideren más convenientes para el bien general de la colonia, y a la cual prometemos la debida sujeción y obediencia" (T. del autor).

[116] Idem pág.8: "... ordenamos... que cada una de las mencionadas colonias tenga un Consejo, el cual gobernará y conducirá todos los asuntos y causas que se originen, desarrollen o surjan, dentro o hacia las diferentes colonias" (T. del autor).

VII

LAS BASES FILOSÓFICAS DE LA CONSTITUCIÓN AMERICANA

El punto central de este capítulo es identificar las bases filosóficas que subyacen en la Constitución americana y de las que derivaron, muy especialmente, las que dieron origen a la forma que ha adquirido la *judicial review*, como se verá en el siguiente capítulo.

Es importante reiterar que la ideología del proceso americano no es uniforme. Las opiniones desplegadas conforman un arco muy amplio y quedaron reflejadas en las discusiones sobre la Constitución. A más de la diversidad de opiniones entre los actores de la revolución, debe prestarse atención al lapso transcurrido durante el proceso, el cual se desarrolla desde 1764, con los primeros escarceos con la corona y finaliza en 1788, con la ratificación de la Constitución; abarca un período de más de 20 años y durante este período, las ideas sufrieron una constante evolución. A lo largo del debate, es posible observar que el eje de la discusión se desplaza, en la medida en que se van presentando nuevos problemas. Detrás de los colonos no hay una única teoría subyacente. El progreso de su separación de Inglaterra se constituyó mediante actos que respondían a la realidad y a las circunstancias que iban enfrentando, a través de acuerdos y de la organización de un cuerpo civil, tendientes a la conformación de un gobierno, al que había que dotar de normas y procedimientos.

El contenido y forma de la Constitución redactada en 1787 son los temas centrales del debate donde se concentra la discusión. La novedad de una constitución y el carácter de las instituciones adoptadas, audaces e innovadoras, se sumaron a la mala experiencia de los Artículos de la Confederación en la posguerra y el conjunto motivó una fuerte controversia en el trámite por la ratificación. La fuente más importante para el estudio de

las ideas en discusión son los artículos de *El Federalista*[117], redactados bajo
el influjo de Hume, Montesquieu y Locke, aunque para Ackerman *"Publio
es mucho más que eso"*. Su gravitación ha sido aceptada sin grandes controversias, con la excepción de Dahl y Bickel. Dahl ha cuestionado, por
ejemplo, la coherencia de la exposición de los ensayos atribuidos a Madison. Desde su punto de vista, *"as political science rather than as ideology the
Madisonian system is clearly inadequate"*[118]. También hay diferencias entre las
ideas de los artículos que corresponden a Madison y los que corresponden
a Hamilton, como no podía ser de otra manera. Tanto Dahl como Bickel
reflejan una tibia crítica a la tesis que atribuye una gran importancia a *El
Federalista*, mientras que Ackerman y Beard se encuentran entre quienes
resaltan su valor conceptual.

Se trataba de constituir un gobierno que unificara a todas las colonias,
bajo un sistema federal que permitiese adaptar la forma de gobierno a la
extensión territorial, por una parte, y a la existencia de cuerpos coloniales,
ya constituidos, por otra. Eso es lo que pretendía la Constitución (defen-
dida por *El Federalista)*, y quienes se oponían a ella lo hacían por temor a
un gobierno central, al que suponían excesivamente fuerte. La misión
asumida por Hamilton y Madison fue mostrar la necesidad de un gobierno
único, republicano; las críticas a la Constitución consistieron en calificarla
de antirrepublicana, precisamente por su tamaño y poder creciente. Los
ensayos de *El Federalista* promovían la ratificación, explicando el funcionamiento y la naturaleza del gobierno que la Constitución creaba. La oposición a estas ideas fue importante, pero no tuvo la sistematización que
tuvieron las obras de Hamilton, Madison y Jay. El hecho de que la Constitución haya sido ratificada y entrara en vigencia en 1788 permite afirmar
que las ideas triunfantes contenidas en *El Federalista*, reflejaban el pensa-

---

[117] De sus tres autores, Alexander Hamilton había participado activamente en la redacción de la Constitución, James Madison se había desempeñado como representante durante la redacción de las primeras diez enmiendas y John Jay estaba destinado a
ser el primer presidente de la Corte Suprema. El peso de estas tres personalidades, sus
intervenciones y la calidad de sus 85 ensayos hacen de la obra una fuente de interpretación casi auténtica, contemporánea, cuyo valor como tal ha sido reconocido por la
propia Corte Suprema en numerosos fallos posteriores.
[118] Dahl, Robert: *A preface to democratic theory*, The University of Chicago Press, 1956,
pág. 31.

miento de la revolución americana y corresponden a la corriente ideológica que se impuso.

Tres temas tratados en el debate son especialmente importantes para justificar las formas que la Constitución americana adoptó para su gobierno. Los tres temas, expuestos a continuación, son: a) el concepto de fundación y origen, b) la estabilidad de la forma de gobierno y c) la desconfianza hacia las mayorías.

a) El concepto de fundación y origen

Para los colonos, la revolución no se limitaba a la rebelión o resistencia a la corona; en el momento de encarar la redacción de la Constitución esa etapa estaba totalmente superada. Hacer una revolución es darse un gobierno —ausente en América por la ruptura con Inglaterra— y conformar un sistema para su funcionamiento.

Como hemos visto, en el proceso americano estaba presente un factor de *novedad* para enfrentar al desafío de la revolución. Tuvieron plena conciencia de ambos conceptos: la revolución como construcción y lo inédito de la situación. Asumieron los dos factores y para encontrar el camino buscaron en la historia todo antecedente o fuente que les fuera útil. Lo que habría de ser novedoso no fueron tanto las ideas, sino la aplicación que hicieron de ellas para darse un gobierno y un sistema que funcionase.

Lo que hace únicos a los colonos en el desarrollo histórico fue su convicción de estar enfrentando la experiencia inédita de darse un gobierno a sí mismos, de ser el auténtico origen de un sistema nuevo. Esta conciencia de considerarse a sí mismos como fundadores fue un dato de la realidad, importante al momento de considerar su comportamiento y el debate posterior. Ellos estaban creando (y lo sabían) una fuente de autoridad, un nuevo cuerpo político, al cual se propusieron dotar de las mejores instituciones posibles. Esa convicción sobre el origen fue lo que aportó la legitimidad necesaria al gobierno creado. La legitimidad de un cuerpo político, sin la cual no puede haber estabilidad, depende de su origen[119].

---

[119] El respeto al origen tiene su antecedente en Roma, hacia donde miraron como orientación. Se conecta con un concepto religioso, que parte del sentido de *religare*, religarse a un origen.

La actitud inmediata a la ratificación en 1788 fue la causa misma del éxito de la revolución americana, que no pudo lograr la francesa. La revolución fue vista como fundación y construcción y no como destrucción, (como la veían los franceses), tal como observó el mismo Jefferson. Pero Jefferson también había advertido otro problema que el acto fundacional provocaba, propio de la teoría misma de la supremacía constitucional: el conflicto entre los fundadores y sus sucesores, al cual volveremos más adelante.

El concepto de Constitución también fue esencial en el pensamiento americano y complementó el aporte que el *origen* significaba para la legitimidad del derecho. La Constitución ratificaba la figura del poder emanado del pueblo, y reemplazaba a la autoridad de la corona como validación del derecho. Planteado el círculo vicioso de encontrar una fuente de legitimidad externa para las leyes y, al mismo tiempo, una ley que dé legitimidad al poder, Siéyes había alcanzado a distinguir entre el poder constituyente y el poder constituido, separados por una constitución. El poder constituyente, originario y fundante, era el *estado de naturaleza*. No había ley positiva a la cual debiera sujetarse; ninguna norma positiva anterior puede limitarlo, porque en ese caso, perdería su carácter de originario. Su legitimidad proviene de su carácter fundacional. Paine precisó esta distinción afirmando que *"una constitución no es acto de gobierno, sino de un pueblo que constituye un gobierno"*.

Bajo el nuevo sistema, poder y derecho no tenían el mismo origen: el poder estaba en manos del pueblo[120], pero el derecho se fundamentaba en la Constitución, un documento escrito, duradero, entidad objetiva, interpretable y modificable bajo circunstancias determinadas[121].

Un logro fundamental, que tendría importancia decisiva en la formulación de la supremacía constitucional, fue el carácter federal del cuerpo

---

[120] Las organizaciones autónomas previas en las colonias fueron la causa de que se visualizase la capacidad constituyente de quienes elaboraron la Constitución. El consenso sobre su validez terminó de consolidar su legitimidad. Una vez aprobada nunca fue puesta en dudas.

[121] Esta distinción es fundamental en la comparación entre el éxito del sistema americano y el fracaso de la Revolución Francesa, en lo que a la vigencia de sus respectivas constituciones se refiere. Con el error de identificar el origen del poder y del derecho, ninguna de las asambleas constituyentes de Francia dispuso de autoridad para dar una constitución al país, porque carecían del poder necesario para sancionarla.

político creado. La forma federal adoptada en la Constitución fue la respuesta al problema del tamaño, tal como la había propuesto Montesquieu, para quien sólo las sociedades pequeñas podían ser una auténtica república; los territorios extensos sólo podían adoptar una forma republicana con el aporte del federalismo. Un Estado federal ayudaba a conciliar el conflicto entre el poder constituyente y los poderes constituidos, como lo vio Siéyes, porque aquél estaba en las colonias, y coexistía con el poder federal (constituido) que habían creado. La autoridad de la Constitución americana derivó de la representatividad de los delegados redactores, como sostenía Madison.

b) La estabilidad de la forma de gobierno: las formas mixtas

La elección de la forma de gobierno ponía en juego el concepto de *república*, cuyos elementos constitutivos debían garantizar su viabilidad y permanencia. La Constitución sujeta a ratificación había creado un sistema y sus defensores sostenían la necesidad y conveniencia de un gobierno único, republicano, que involucrara los principios de poder, soberanía y libertad. En oposición, la principal crítica a la Constitución propuesta consistía en calificarla de antirrepublicana, siendo su principal argumento la creencia, como la entendía Montesquieu, de que sólo los países pequeños podían disfrutar de gobiernos republicanos. Pero la pregunta era: ¿qué tipo de república está en discusión? El concepto común vigente en la época asimilaba el término a la ausencia de monarquía; las instituciones, el sistema mismo de una república se contraponía a la monarquía y a la aristocracia. Entendido de esa manera, era un término común a ambos bandos. Pero la revolución americana distinguió la república de la democracia, aun cuando ambas se dieran juntas y se basaran en el poder popular. La democracia se refería al gobierno y requería la participación del pueblo en el mismo; el término sólo comenzó a ser utilizado en las colonias después de 1794. Con la introducción del sufragio y la representación, la democracia adquirió una nueva forma: la democracia representativa o impura, como opuesta a la democracia directa o pura. Para *El Federalista y* sus ideas *lockeanas,* república es sinónimo de democracia representativa, opuesta a la democracia pura, donde hay una acción directa del pueblo. En la democracia representativa, la acción directa es sustituida por la representación.

La existencia de representantes presentó un nuevo problema, relacionado con la obligatoriedad del mandato. Si los representantes debían seguir obligatoriamente las instrucciones de sus mandantes, la representación se convertía en un sustituto legítimo y eficaz del pueblo; si no había obligatoriedad, los representantes del pueblo como mandatarios se convertían en gobernantes separados de los gobernados. Pasan a ser funcionarios electos a quienes los electores les han cedido el poder y transforman al gobierno en el privilegio de pocos. Este hecho también fue observado por Amy Gutman, cuando expresa que los representantes electos no representan a la ciudadanía en sentido literal ni significa que los ciudadanos gobiernen a través de ellos. Para Gutman una representación así concebida no tiene sentido: ellos gobiernan y nosotros no[122].

Aquí quedó insertada, para los opositores a las ideas de Hamilton, la virtud de la participación pública como una forma de democracia directa, que el sistema de la Constitución no contemplaba.

En la discusión hay un elemento implícito: la diferencia entre el consentimiento y la participación. El *consentimiento"* es suficiente para Locke y sus seguidores, pero coloca a los gobernados en una posición débil, especialmente cuando Locke pasó del consentimiento explícito al consentimiento tácito, con sus consecuencias severas relativas a la interpretación de la *unanimidad.* Jean Hampton ve en Platón el antecedente a la teoría de Locke, dado que tanto Platón como John Locke han señalado que la aceptación de beneficios es suficiente demostración de consentimiento. Locke reconoce la distinción entre la obligación política de quienes han prestado explícitamente su consentimiento para pertenecer a una sociedad y aquellos que sólo lo han hecho tácitamente[123].

La *participación,* en contraposición, conserva todo el poder para los ciudadanos. La revolución americana no logró crear el espacio público para la

---

[122] Gutman, Amy: "Democracy", en *A companion to Contemporary Political Philosophy,* pág. 41 1: *"Elected representatives do not represent the citizenry in any literal sense as if the citizens were doing the ruling "through them". This is nonsense. They rule and we do not".*

[123] *Hampton, Jean: "Contract and consent",* en A companion..., *pág. 381:* "Philosophers such as Plato and John Locke have defined that the acceptance of benefits is sufficient to give such consents. Locke recognizes a distinction between the political obligations of those who have explicitly consented to belong to a society and those who have only tacitly consented to it".

participación, como lo querían los contradictores de la Constitución, y sólo los representantes, transformados en gobernantes, accedieron a la esfera pública. Mediando este nuevo problema, ya no era posible pensar en una república aristocrática; para los opositores a la Constitución, república no podía sino ser asimilada totalmente a *democracia*. Recordemos que para los defensores de la Constitución la democracia era poco confiable, por la inestabilidad del gobierno y la consecuente corrupción que lleva a los cambios cíclicos, tal como estaba claro ya en el pensamiento griego.

La estabilidad del gobierno a crear fue un problema permanente de los constituyentes americanos. En palabras de Holmes, *"los primeros constitucionalistas se esforzaron por crear no sólo un gobierno popular, sino un gobierno popular que pudiese perdurar (en contraste con las repúblicas griegas)"*[124]. Para ellos, la república era un paso más allá de la democracia como forma de gobierno, porque era capaz de encontrar formas mixtas, aprovechando las ventajas de cada una[125]. Afirmando esto, dice Arendt: *"Toda la discusión en torno a la distribución y equilibrio del poder, el tema central de los debates constitucionales, giró parcialmente en torno a la vieja idea de una forma mixta de gobierno que, por combinar los elementos monárquicos, aristocráticos y democráticos en el mismo cuerpo político, fuera capaz de detener el ciclo de cambio sempiterno, el nacimiento y caída de los imperios, y de establecer una ciudad inmortal"*[126].

Con el tiempo, la terminología se modificó y ocasionó confusiones, pero a fines del siglo XVIII ya estaban claras las diferencias entre dos corrientes. Ambas eran *republicanas:* la que correspondía al liberalismo de Locke, aferrada al concepto de república como preservación de la libertad, expuesta por Hamilton, y la que corresponde a la que Wood y Pocock llaman el republicanismo clásico, donde república y democracia se asimilan en un sistema donde priman la virtud pública (entendida como participación activa en el gobierno) y la prevalencia del bien común sobre el interés particular. Esta fue la postura de Jefferson. Está claro que la ideología de

---

[124] Holmes, Stephen, op. citada, pág. 248.
[125] *Esta discusión sobre ventajas y desventajas de las formas de gobierno fue una constante y se prolongó hasta casi fines del siglo XIX. En 1838, James Fenimore Cooper exponía este tema en una obra de repercusión,* The American democrat, *que refleja el debate de 1787. Liberty Classics, Nueva York, 1951.* Arendt, Hannah, op. citada, pág. 239.
[126] Arendt, Hannah, op. citada, pág. 239.

los constituyentes estaba íntimamente conectada con la primera de las corrientes. El republicanismo clásico se opuso a la Constitución, como contraria a su concepción de *república*. Por eso, la Constitución adoptó la forma que conocemos.

c) La desconfianza hacia la mayoría

El republicanismo clásico concibe el fin del cuerpo político como el bien común y al ciudadano virtuoso como el que participa de la esfera pública y privilegia el interés de todos por sobre el propio. En palabras de Wood, el sacrificio del interés individual frente al mayor bien de la totalidad es la esencia del republicanismo y se incluía en las metas idealistas de la revolución americana[127].

En una sociedad como ésta, el ciudadano es participativo y, por lo tanto, la confrontación entre gobernante y gobernado disminuye. La libertad es someterse a la ley como expresión del bien común, como sostenían los partidarios de la democracia. El pueblo americano nunca se consideró una singularidad, y esta actitud se debía en gran parte al hecho de la existencia de 13 colonias con grandes diferencias entre sí, en casi todos los órdenes. Por lo tanto, el pueblo era equivalente a una *mayoría* que se insertaba juntamente con minorías, en una multiplicidad o comunidad plural.

El sistema americano que prevaleció no podía sino abolir el concepto de soberanía dentro del cuerpo de la república. Esto significa el rechazo de la *unanimidad del pueblo y*, como consecuencia, el rechazo a la vigencia de una opinión pública, representativa de una inexistente unidad[128]. Las facciones eran inevitables, dado que el pueblo no es una singularidad. Por eso, no hubo temor hacia ellas en el pensamiento americano.

---

[127] Wood, Gordon, op. citada, pág. 53: *"The sacrifice of individual interest to the greater good of the whole formed the essence of republicanism and comprehended for Americans the idealistic goal of their Revolution"*.

[128] Una garantía de la libertad de opinión es incompatible con la *opinión pública*, porque para que la opinión sea válida debe ser contrastada con otras, lo que no es posible con una hipotética *opinión pública*. *Si* la democracia intenta gobernar con ella, lo que sigue no es sino una forma de despotismo. Para hacer más claro el argumento, *opinión* debe diferenciarse de *interés*. Mientras que la primera es individual y no representable, los intereses pueden ser grupales y ser representados. No así las acciones ni las opiniones.

Por el contrario, como sostiene Ackerman, *"en lugar de suprimir la facción al costo de la libertad individual, los revolucionarios triunfantes pueden abrigar esperanzas de neutralizar las peores consecuencias del faccionalismo, oponiendo cada interés al de los demás"*[129].

El temor estaba provocado por la facción mayoritaria y fue imprescindible crear un mecanismo para controlarla, preservando al mismo tiempo el gobierno democrático y el resguardo de los derechos individuales. El problema americano iba más allá del temor a un gobierno despótico opuesto a la mayoría. El tradicional temor americano enfocó al sectarismo y al *despotismo de la mayoría,* oprimiendo a las minorías. En el mismo sentido, Waldron dice que pensadores como Madison, Tocqueville y John Stuart Mill, por ejemplo, sostuvieron que si algo hecho por un déspota o por una minoría podría contarse como tiránico, también sería tiránico cuando es hecho en nombre de una mayoría[130].

La actitud hacia el poder tiene que ver con la creencia acerca de la naturaleza humana. Con su desconfianza hacia el hombre, el americano no podía sino desconfiar por extensión de la sociedad misma y, por ende, del poder. Su propia experiencia con Inglaterra y los gobiernos coloniales, los llevaba con realismo a limitar el poder. Se trataba (y en este enfoque radica la importancia de la construcción política), de mantener a salvo a cada sector de la injusticia del resto, aunque éste fuese una mayoría. Una sociedad plural, con facciones, como la veían los constituyentes, tiene que garantizar los derechos de la minoría frente a cualquier mayoría[131]. El objetivo constitucional fue contener a este potencial despotismo de una mayoría.

Para esta corriente, encarnada por Hamilton, la república requería un

---

[129] Ackerman, Bruce, *Un neofederalismo,* pág. 189.

[130] "Waldron, Jeremy: "Rights and majorities: Rousseau revisited" en *Liberal Rights,* Cambridge University Press, 1989, pág. 403: *"Thinkers such as Madison, Tocqueville, and John Stuart Mill, for example, held that if something done by a despot or an elite would count as tyranny, it would still be tyrannical when done in the name of a majority: the power to do everything, which 1 refuse to one of my equals, I will never grant to any number of them".*

[131] Esta distinción era imposible para un pensador francés, para quien la nación era una e indivisible; la voluntad, general. No había lugar para minorías. Algo similar ocurre con los republicanos clásicos: si el bien general está por encima del individual, no hay derechos de la minoría que garantizar.

esquema que dividiera al gobierno ejercido por la mayoría, evitando la concentración de poder: la libertad personal y el bienestar no requieren de la centralización del poder político. Por el contrario, la concentración del poder podía convertirse en un medio para que un grupo, y más si es mayoría, sometiera al resto.

La solución que encontraron fue una institución que constituye un refinamiento del principio representativo: la separación de los poderes, incompatible con una democracia directa. La teoría de separación de poderes de Montesquieu era un elemento central de la Constitución. Había experiencia colonial en su aplicación, como una continuidad con las instituciones inglesas.

La separación de poderes respondió a dos problemas distintos. Por un lado, evitar la concentración del poder, y por el otro, tan importante como ése, establecer una deseada forma mixta de gobierno, donde las tres formas clásicas estuvieran representadas. Una separación entre los gobiernos locales y federales, por un lado, y entre los poderes federales (Ejecutivo, Legislativo y Judicial), por el otro. Ninguna persona ni organismo puede hablar en el nombre del pueblo. Éste es el pensamiento central de Hamilton y Madison.

En esta argumentación están contenidas las ideas de Locke, que terminaron por imponerse en el debate ideológico y quedaron reflejadas en la constitución americana. Burke también reflejó las mismas ideas, cuando sostuvo que la *"democracia perfecta es, por lo tanto, la cosa más desvergonzada del mundo"*[132]. El argumento para esta afirmación es que *"la parte de infamia que probablemente le puede tocar a cada individuo en los actos públicos es, de hecho, muy pequeña; pues el efecto de la opinión está en razón inversa al número de quienes abusan del poder"*[133].

Este concepto de la mayoría sirvió de base para las soluciones que fueron aplicadas en los años subsiguientes, cuando la vida institucional enfrentó problemas prácticos, muy lejos de las abstracciones teóricas. En la revolución americana, la preocupación inicial se volcó hacia las ideas, los conceptos y el ejemplo del pasado histórico; no obstante, una vez realizada

---

[132] Burke, Edmund: *Reflexiones sobre la Revolución Francesa y otros ensayos*, Ediciones Dicto, Buenos Aires, 1980, pág. 162.
[133] Idem.

la república desapareció el interés por la teoría y el pensamiento político, y se hizo patente la aversión americana por el pensamiento conceptual. Las abstracciones fueron dejadas de lado una vez ratificada la Constitución y la discusión quedó limitada a la interpretación de las cláusulas aprobadas y a la forma de su aplicación.

El pensamiento político norteamericano que prevaleció está impregnado por la receptividad de Locke en el nuevo mundo, bien diferente a la que tuvo en Francia, donde también estaba muy difundido. Su concepto de libertad encontró un marco excepcional en las colonias, así como el rol de la propiedad, también presente en Harrington. Entre otras cosas, la frontera fue un valor decisivo: la tierra abierta, disponible y casi sin límites se adaptaba perfectamente al origen y la legitimidad de la propiedad que hace al pensamiento de Locke. Para Hartz, la fuerza de esta receptividad en los Estados Unidos fue excepcional y característica, porque en ninguna otra parte adquirió tal relevancia.

La lejanía del poder también fomentó la interpretación de Locke como una forma liberal de vida, que ha constituido la base de la comunidad americana. Más que intereses comunes, más que ideas, fue esta forma de vida del credo *lockeano* y su ética lo que ha permitido una homogeneidad, sin la cual es impensable la sociedad norteamericana. La unanimidad moral de esta sociedad liberal ha fomentado un sentimiento legalista y un acuerdo que permitió la restricción de la mayoría.

Burke y Paine también reflejan matices contrapuestos del pensamiento americano. Si bien la expresión de sus respectivas ideas se produjo en plena revolución americana, la discusión entre ellos, al reflexionar sobre la diferencia del proceso colonial con la Revolución Francesa, contribuyó a esclarecer algunos fundamentos filosóficos subyacentes en el pensamiento colonial.

En resumen:

a) Las ideas presentes en la revolución americana son numerosas, como pueden rastrearse en la literatura de la época. Esta afirmación no significa que tuvieran influencia. Por un lado, porque para ser útiles, debieron ser adaptadas para resolver los problemas enfrentados por los colonos; por el otro, porque las invocaciones a pensadores europeos no siempre fueron felices o precisas.

b) Sin perjuicio de la presencia de otras ideas, dos corrientes historiográficas discuten sobre cuál fue la influencia predominante: Locke o el republicanismo renacentista, aunque ninguna sea excluyente de la otra.

c) Al margen de la discusión sobre la idea prevaleciente, tres pensadores han aportado sus teorías de forma decisiva a la forma que asumió el gobierno creado por la Constitución americana: Locke, Montesquieu y Harrington.

d) Las ideas de Locke recogidas en el debate se refieren a la naturaleza del hombre, el origen de la sociedad, el concepto de gobierno limitado y el rol de mayoría y consenso.

e) Por su parte, la separación de los poderes, la representación y el concepto de república federativa fueron los aportes de Montesquieu al proceso americano, a los que podría agregarse el papel que la virtud desempeña en un gobierno republicano.

f) Finalmente, la motivación práctica de Harrington (crear y moldear una política nueva para imaginar y poner en acción a un gobierno, frente a un gobierno *de facto)* podía asimilarse a la necesidad y circunstancias de los constituyentes de Filadelfia. Su sentido práctico se vio reflejado en su concepción de que un gobierno republicano y un cuerpo político se definen por las fuerzas sociales y económicas, lo que otorgaba un rol efectivo al derecho de propiedad, más efectivo para la mente colonial que el enfoque teórico de Locke. La base de la estabilidad política de una forma de gobierno está sujeta a la correspondencia con la distribución de la propiedad.

En estos tres puntos (el concepto de fundación y origen, el deseo de un gobierno estable y la desconfianza hacia la mayoría) se encuentran los fundamentos sobre los cuales los constituyentes edificaron un cuerpo político y sus instituciones. Falta, ahora, precisar cómo se derivaron de ellas las bases del control de constitucionalidad.

VIII

EL FUNDAMENTO FILOSÓFICO DEL CONTROL DE CONSTITUCIONALIDAD

Wood transcribe un comentario de Thomas Tudor Tucker, demostrativo del estado de ánimo del americano hacia fines del siglo XVIII. El comentario describe la actitud de los americanos al comienzo de la Guerra. "Éramos, dice, novicios en política y hubiera sido deseable que no fuéramos tan indolentes para corregir nuestros errores. Luego de deshacemos de los restos de monarquía de la Constitución inglesa, imaginamos —agrega— vanamente que habíamos alcanzado la perfección, y que la libertad quedaba establecida en la más amplia y sólida base a la que podía aspirar cualquier institución social: que estábamos equivocados en muchos puntos, es algo que no puede ser negado"[134]. En el mismo sentido, Benjamin Rush, también transcripto por Wood, expresaba: "Aunque entendíamos perfectamente los principios de la libertad, sin embargo la mayoría de nosotros éramos ignorantes de las formas y combinaciones de poder en la república"[135].

Ambas opiniones expresaban el sentimiento imperante en las colonias independizadas en 1776 y que en 1787 buscaban su consolidación institucional. La experiencia entre esos años había probado el error generalizado en cuanto a los temores revolucionarios, y había mostrado que el sistema debía ser corregido.

---

[134] Wood, Gordon, op. citada, pág. 430: *"We were, at the commencement, of the late war but novices in politics and it is to be wished that we may not now be too indolent to correct our mistakes. After lopping off the monarchical part of the English constitution, we vainly imagined that we have arrived at perfection, and that freedom was established on the broadest and most solid basis that could possibly consist with any social institution. That we have in some points been mistaken, is too evident to be denied".*

[135] Idem: *"Although we understood perfectly the principles of Liberty yet most of us were ignorant of the forms and combinations of power in republics".*

El temor de los colonos frente al ejercicio del poder por el pueblo estaba provocado por el fantasma de la anarquía y la *licentiousness* de sus habitantes. Sin embargo, el peligro y la sensación de fracaso provinieron del signo contrario: del abuso del poder por parte de las legislaturas. Durante el período que siguió a la independencia, las legislaturas locales habían mostrado este peligro y los daños que el ejercicio del poder en estas condiciones podía ocasionar. Los intentos constitucionales de las colonias y sus resultados constituían una experiencia importante para la convención reunida en Filadelfia. En virtud de esa experiencia, la confianza en el Poder Legislativo como depositario de la libertad, como lo era el Parlamento en Inglaterra, había desaparecido, provocando una grave desilusión en los colonos.

No es un hecho menor que el primer desencuentro entre el ciudadano y las asambleas legislativas se haya producido cuando éstas violaron el derecho de propiedad con acciones que perjudicaban a los propietarios. Los pensamientos de Locke y de Harrington sobre mayorías y minorías estaban estrechamente vinculados al derecho de propiedad. Los propietarios constituían una minoría frente a la mayoría de no propietarios, y si el Estado debía garantizar la propiedad, su función de protección de las minorías contra las mayorías era una consecuencia inmediata. Una acción legislativa contra la propiedad era un ejemplo claro de un abuso de una mayoría contra una minoría. Pensada para accionar en la esfera pública, la intromisión del Poder Legislativo en la esfera privada era algo novedoso para los colonos, para lo cual no estaban preparados.

Hacia 1780, las legislaturas estaban en pleno proceso de desprestigio, y ello manifestaba un cambio profundo en la valoración colonial. El derecho de propiedad, que era una de las bases fundamentales de las ideas vigentes, estaba siendo puesto en peligro por el poder. Pero lo importante era que la violación de este principio no provenía del decreto de un tirano o de un funcionario irresponsable, sino de las leyes mismas de un congreso que representaba al pueblo, el cual aparecía prestando su presunto consentimiento. Es decir que la voluntad popular, expresada por la Legislatura representativa, podía súbitamente ser caprichosa y arbitraria. Una asamblea popular podía cometer tantos o más excesos que un monarca arbitrario.

Los colonos veían un nuevo fenómeno político, que no estaba previsto en su pensamiento político previo. Lo común era pensar y temer al poder de un monarca o, en el otro extremo, en un gobierno democrático, a la anarquía y el libertinaje, temor este último que fue común en el pensamiento colonial. Ahora se daba un fenómeno nuevo: había un exceso de poder en el pueblo mismo, que producía lo que Adams llamó *despotismo democrático*. El peligro no era la falta de gobierno, sino un exceso del mismo, con un pueblo que se transformaba en opresor. Paradójicamente, era la mucha fuerza de la ley y no la ausencia de ella lo que hacía peligrar a las nuevas repúblicas, algo difícil de entender bajo el paradigma anterior. Las leyes injustas eran cada vez más alarmantes y, en consecuencia, comenzaron a ser desacatadas.

A este acrecentamiento del Poder Legislativo debe sumarse la proliferación de leyes —otro hecho inusual—, que aparejaba confusión. Un elemento adicional corrompía las acciones de las legislaturas: según Madison, las funciones del Poder Ejecutivo y de los jueces estaban en un proceso de usurpación por parte de las legislaturas. Las constituciones locales disminuían la autoridad de los otros poderes, concentraban funciones y reforzaban el predominio legislativo en los gobiernos. Más aún, las legislaturas locales habían comenzado a resolver conflictos entre particulares, usurpando las funciones judiciales.

La tradicional desconfianza hacia el poder político que los colonos habían demostrado hacia la corona y sus agentes se había transferido a las legislaturas, transformadas ahora en los organismos más temidos, perdiendo su carácter de refugio de la libertad, con el que se habían desarrollado. Lo grave y nuevo era que esta opresión no se ejercía poniendo en juego la falta de representatividad de los funcionarios electos, sino a pesar de esa representación. Los vicios se originaban en la naturaleza del sistema vigente en la sociedad colonial americana y ponían en peligro el principio fundamental del gobierno republicano, que expresa que la mayoría que gobierna es garantía del bien público y los derechos privados. Donde sea que el poder real se deposite hay riesgo de opresión, decía Jefferson, y en nuestros gobiernos, donde el poder real se encuentra en la mayoría de la comunidad, la invasión de los derechos privados se produce no por actos de un gobierno contrario al deseo de los ciudadanos, sino de actos en los cuales el gobierno es un mero instrumento del mayor número de ciudadanos. El pueblo, por tanto, puede ser tan capaz de despotismo como cualquier príncipe; la libertad pública no es garantía, después de todo, de la libertad privada.

Con esta convicción en la mente de los colonos se realizó la convención de Filadelfia, redactora de una nueva Constitución. El optimismo inicial de comienzos de la revolución, respecto de la bondad de su propia sociedad, se encontraba en crisis. Hasta ese momento no se había percibido que la libertad pública no era suficiente garantía de los derechos privados; que América y sus habitantes no eran diferentes a otras sociedades, y que la igualdad es una quimera, dado que sólo una minoría estaba interesada en preservar los derechos de propiedad. Así describía Madison la situación.

Más que una crisis de autoridad, conducente a la anarquía y a un abuso de la libertad republicana, lo que se presentaba era un golpe contra las viejas formas de analizar la política y una discusión sobre el rol de la mayoría, que amenazaba con sacudir el fundamento del republicanismo. Esta contradicción estaba ya en las ideas de la democracia *madisoniana,* que no había podido reconciliar dos metas diferentes.. Dahl expone este problema: por un lado, Madison aceptaba básicamente la idea de que los ciudadanos adultos de una república deben tener iguales derechos, incluido el derecho a determinar la dirección general de la política de gobierno. En este sentido, la regla de la mayoría es un principio republicano. Por otro lado, Madison quería construir un sistema político que garantizara las libertades de ciertas minorías, cuyas ventajas de status, poder y riqueza, probablemente no fueron toleradas indefinidamente por una mayoría constitucional sin sujeciones. Por lo tanto, la mayoría debía ser limitada constitucionalmente[136].

Este escenario alteró algunas bases de la ideología previa y en Filadelfia se encontraron dos tendencias divergentes. Una buscaba una solución mediante la creación de un gobierno central; la otra se oponía a esta solución, dejando el poder en manos de los estados existentes, los que constituirían una confederación, como una forma débil de unión política. El

---

[136] Dahl, Robert: *A preface to democratic theory,* The University of Chicago Press, 1956, pág. 31: *"On the one hand, Madison substantially accepted the idea that all the adult citizens of a republic must be assigned equal rights, including the right to determine the general direction of a government policy. In this sense, majority rule is "the republican principle". On the other hand, Madison wished to erect a political system that would guarantee the liberties of certain minorities whose advantages of status, power and wealth, he thought, probably not be tolerated indefinitely by a constitutionality untrammeled majority. Hence majority had to be constitutionally inhibited".*

abuso de las legislaturas locales, su desprestigio, el fracaso de los Artículos de la Confederación como norma previa, fueron las causas que llevaron al triunfo de los primeros. El partido *antifederal* perdió cuando la constitución sancionada propuso la creación de una república federal, y debió limitarse a discutir en los términos planteados por los federalistas. Creían que el gobierno establecido no era el adecuado, pero la discusión estaba acotada a la ratificación o no de la Constitución propuesta y a la forma en que debían interpretarse sus cláusulas. Especialmente, sobre el balanceo de poderes en el gobierno federal[137].

Los constituyentes comprendieron que un gobierno central debía adecuarse a las maneras y circunstancias presentes, que habían modificado su concepto de democracia. Si el carácter americano no era capaz, como afirmaba Hamilton, de sostener la naturaleza popular de la constitución revolucionaria, era la estructura misma de los gobiernos la que debía ser cambiada. El realismo de los revolucionarios está reflejado en la frase de Ackerman: *"El Federalista" está gratamente libre de afirmaciones de que los estadounidenses son inmunes a los males que afligen al resto de la humanidad"*[138]. Este realismo ratificaba su desconfianza en la naturaleza del hombre y su convicción en las instituciones que debían crearse. Había supuesto que la rama ejecutiva del gobierno era la única parte peligrosa y ahora veían como más arbitraria la conducta de la Legislatura. Por eso, estaban decididos a adoptar las medidas necesarias, pero para encontrar la solución debían moverse entre dos temores extremos: al despotismo de los funcionarios, por un lado, y a un desorden popular, por el otro. La solución no era fácil, sino que se presentaba como inusual y complicada, tal como había quedado mostrado por el fracaso de las constituciones de los diferentes estados.

La encontraron a través de la supremacía de la Constitución y la reconceptualización de la teoría de la separación de los poderes, que había

---

[137] Todos estaban de acuerdo en que la seguridad del pueblo dependía de que los poderes del gobierno se asentaban en diferentes ramas. Era un punto bien afirmado y no se discutía. La diferencia estaba en que para los opositores, el gobierno federal era "un mismo cuerpo" que concentraba los tres poderes. Por eso, su oposición a una constitución "antirrepublicana".

[138] Ackerman, *Bruce, ¿Un neofederalismo?*, pág. 188.

enunciado Montesquieu. Y como consecuencia directa, su control por medio del Poder Judicial.

a) La supremacía de la Constitución

Su autopercepción como origen y fundacional permitió a los constituyentes pensar en una constitución con las características que le dieron. Si bien la idea de una ley fundamental había sido vista por Locke, Bolingbroke y hasta Blackstone, ninguno había logrado precisar el concepto, que estaba más bien referido a lo que se llamó *derecho natural,* sin importar su contenido. La forma americana abrió el camino a una ley fundamental dentro de lo que se conoce como positivismo: una norma escrita sobre la cual fundamentar toda otra ley.

La superioridad de la Constitución sobre las leyes- ordinarias no era exclusiva de la Constitución federal; hubo muchos proyectos anteriores que aceptaron esta superioridad. Los argumentos eran sencillos. Histórica y legalmente, las convenciones eran diferentes a las legislaturas. Se las consideró una especie de epítome del pueblo, que pueden estar investidas de poderes para formar un plan de gobierno, pero no para ejecutarlo una vez formulado. Las convenciones son cuerpos apropiados sólo para hacer una constitución; la asamblea es el cuerpo apropiado para hacer leyes acordes con esa constitución.

El poder de legislar en cualquier instancia deriva del pueblo, subordinado a la asociación mediante la cual quedó conformado. Al entrar en una sociedad civil, el pueblo aceptó la Constitución como evidencia de su configuración como pueblo, y entregó algunos de sus derechos naturales al gobierno, como el poder de hacer leyes. Consecuentemente, la Legislatura, aunque represente al pueblo, no puede interferir con los derechos retenidos por el pueblo.

Aun para Jefferson, la Constitución estaba por sobre la legislación común[139]. En su propuesta para la Constitución del estado de Virginia había establecido que la Legislatura no tenía poder para infringir la Consti-

---

[139] Hay un elemento adicional para tomar en cuenta al considerar la supremacía constitucional, y al que ya hemos hecho referencia. Es la coexistencia de un gobierno federal (creado por la Constitución) con los poderes estaduales (previos a la Constitución) Son dos órdenes legales diferentes, hipotéticamente conflictivas, que requieren una solución.

tución. Iredell también sostuvo que la idea de la Constitución era algo muy especial en América: era una ley fundamental, escrita, creada por el pueblo que limita a los poderes de la Legislatura y contra la cual debe cotejarse el ejercicio de cualquier poder creado por ella. Esta posición estaba íntimamente relacionada con el cambio drástico de actitud hacia la política y la ley que se había producido en las colonias, motivado por la creciente desconfianza hacia las asambleas legislativas y las nuevas ideas acerca del concepto de pueblo. Este cambio abrió la puerta hacia el examen crítico de los actos del Poder Legislativo.

La permanencia y la estabilidad de la Constitución, asegurándola contra el tiempo para la posteridad, fue otra gran preocupación de la época constituyente. Vattel, como teórico del derecho de gentes, fue una fuerte influencia en las ideas coloniales, presencia remarcada por Bailyn y Wood. Aunque brevemente, en su obra[140] también se encuentran referencias a las *leyes fundamentales.* Con un concepto lato de Constitución, lejos de la interpretación actual, Vattel define la Constitución del Estado como "la regla fundamental que determina la manera con que debe ejercerse la autoridad pública" y es una ley fundamental, puesto que es la garantía de la libertad de los ciudadanos. Debe ser respetada, tanto por los que gobiernan como por los gobernados, y el cuerpo de la nación tiene derecho a reprimir a los gobernantes que abusan de su poder. La nación tiene derecho a reformarla, si *"conviene unánimemente en esta mudanza; toda la dificultad está en lo que debe ya observar en caso de que se divida la opinión".* En el caso de la legislación ordinaria, la pluralidad debe imponerse, porque de lo contrario sería imposible adoptar decisiones. Pero si se trata de cambiar la forma de gobierno, los ciudadanos disconformes *"de ningún modo tendrían obligación de someterse a un nuevo gobierno, sino que podrían abandonar la sociedad"*[141]. Asimismo, las facultades de hacer las leyes ordinarias no pueden extenderse hasta la modificación de la ley fundamental, porque la Constitución debe ser estable. Cualquier disputa sobre este punto debe ser resuelta por la nación. Si bien la presencia de Vattel es más importante en otros temas, esta concepción suya quedó reflejada en los ensayos de *El Federalista* y fue utilizada retóricamente en la Guerra Civil.

---

[140] Vattel, Emmerich de, (sic): *El Derecho de Gentes o principios de la Ley Natural,* Madrid, 1834.

[141] Idem, pág. 38.

La estabilidad de la Constitución había sido ya considerada por Harrington, y se encuentra presente también en el debate entre Jefferson y Hamilton, aunque con diferentes respuestas. Para Hamilton, las constituciones son inmutables y no pueden proyectarse en función de posibles cambios; para Jefferson, la respuesta no podía sino ser la contraria: lo único inmutable son los derechos inalienables e innatos del hombre, porque las constituciones no son perfectas ni inmutables. Radicalizando esta idea, pensaba en la conveniencia de cambios regulares en el gobierno, dándole a cada generación el derecho a elegir por sí la forma *adecuada a su felicidad*.

Quienes manifestaban su preocupación por la permanencia coincidían en que el fin de la revolución era la construcción de un cuerpo político, y que su éxito consistía en esta construcción. No había éxito revolucionario si no perduraba el respeto a la Constitución. Esta idea era comparable al concepto romano de la *fundación*, que siempre culmina con estabilidad y permanencia, y también comparable a la autoridad en el esquema romano, que consistía en el aumento de las cosas, como innovaciones religadas siempre al origen.

Jefferson, por el contrario, encontraba una contradicción natural entre los fines revolucionarios y la consolidación institucional. Una constitución permanente era, para Jefferson, un obstáculo al desarrollo de la comunidad.

Los argumentos filosóficos, unidos a las necesidades reales, eran muy fuertes. La capacidad para construir el mundo está en la facultad humana de cumplir pactos y promesas, tal como Locke y Hobbes habían coincidido. De allí la importancia de mantener la Constitución, a pesar de las mayorías legislativas circunstanciales. Promesas y convenios se hacen para el futuro y son el anclaje, la estabilidad frente a la incertidumbre, porque toda predicción es imposible. Por eso, como dice Arendt, las facultades constituyentes, fundacionales y constructivas del hombre afectan más a nuestros sucesores y a nuestra posteridad que a nosotros mismos o a nuestra época.

Como hemos visto, la libertad de las generaciones futuras es desafiada por el constitucionalismo, que impone la voluntad de los constituyentes por sobre la de las mayorías posteriores. Precisamente, porque las constituciones cumplen las dos funciones simultáneamente: la protección de los derechos individuales y la limitación a los cambios políticos por parte de la mayoría. Una constitución delimita el poder y eventual abuso de las mayorías, como Elster observó, pero lo hace mediante la restricción a las generaciones posteriores. Aquí vale reiterar la contradicción que Hume vio en la teoría republicana que, al adoptar la ficción del contrato social, supone el consentimiento de los padres de anular a los hijos, aun a las generaciones más remotas. Locke había afirmado que una generación no podía, por ningún pacto que sea, atar a sus hijos o a la posteridad.[142 y 143]

Las reformas implican la perdurabilidad de la Constitución, y cuando se llevan a cabo mediante los procesos previstos por ella misma no constituyen una contradicción con el acto fundacional. Por el contrario, son la mejor muestra de continuidad, porque las enmiendas aumentan e incrementan las decisiones originales de la república. *"La autoridad y permanencia de la Constitución americana reside en su capacidad originaria para ser enmendada y aumentada"*[144].

La Constitución americana fue objeto de un culto indiscriminado y permanente, a partir de su aceptación y ratificación, pese a las diferencias. Culto al cual Jefferson se opuso fuertemente, pero que le dio a la república un cuerpo político fundado que resistió el paso del tiempo y mantuvo su autoridad.

La teoría política de los Estados Unidos está basada fundamentalmente en la noción de constitucionalismo, y hay una inevitable superposición entre ambos conceptos. Los teóricos políticos clásicos son producto casi natural del constitucionalismo. De allí deriva la importancia de las fuentes ideológicas del concepto de supremacía de la Constitución y su aplicación.

b) La separación de los poderes

Así como su autopercepción como origen fundacional permitió a los constituyentes sancionar una norma como legitimante del gobierno creado, y

---

[142] Esta incongruencia es resuelta por Locke, siguiendo a Grocio, a través del consentimiento tácito, figura a la que ya hicimos referencia. *"According to Locke*— ejemplifica Waldron— *everyday acting enjoying property in a jurisdiction or been traveling on the highway can count as consent for the purposes of political subjection"* (op. citada, pág.48).

[143] Sobre esta premisa se asentó Paine, en la misma tesitura que Jefferson, sosteniendo que cada generación debe actuar tan libre como todas las generaciones en todos los casos han actuado, porque ninguna generación tiene propiedad sobre las generaciones que le siguen. Burke rechazó esta libertad invocada por Paine, puesto que el valor de la tradición debía obrar como una atadura contra la posibilidad de un cambio de régimen.

[144] Arendt, Hannah, op. citada, pág. 180.

por lo tanto determinar la supremacía de la Constitución, la necesidad de darle estabilidad a ese gobierno llevó a recrear la teoría de la separación de los poderes.

La concentración de los poderes en las mismas manos había sido la definición de gobierno despótico, sin importar la cantidad de personas que retuviera este poder ni que esas manos fueran la asamblea elegida por el pueblo. Había que limitar el poder, pero sin cercenarlo. No podía hacerse a través de leyes, porque emanaban del mismo poder que se intentaba limitar y podían ser cambiadas. Una adecuada aplicación del principio de la separación de los poderes podía cumplir esa función, porque impedía que un poder se expandiese a expensas de otro, pero no lo coartaba en sus funciones propias.

La doctrina sufrió un profundo cambio de enfoque, provocado por la situación que debían resolver. Originalmente, la separación de poderes fue interpretada como la prohibición de que una misma persona ocupara diferentes cargos, ejemplo dado por el impedimento de que los funcionarios designados en cargos ejecutivos ocuparan asientos en el Congreso. Con esa interpretación, la doctrina fue aplicada para aislar de la posible corrupción proveniente del Ejecutivo a la Legislatura y al Poder Judicial. Si se hubiera limitado a esto, la separación de poderes no hubiera adquirido la importancia que tuvo y tiene en el constitucionalismo.

Los delegados de los estados tuvieron clara conciencia de que había que limitar el Poder Legislativo, especialmente el ejercido por una cámara popular. La creación del Senado, la otra gran innovación del constitucionalismo americano, tendió a ello[145]. También era importante fortificar el Poder Judicial, evitando que el Congreso tuviera facultades judiciales y dándoles a los jueces la independencia necesaria[146].

La teoría fue desarrollada extensamente, partiendo de la enunciación de que entregar todo el poder a un solo cuerpo es tiranía, para justificar y explicar la aplicación de los soluciones propuestas por la Constitución. La

---

[145] Aun cuando encontraron un modelo en el Derecho Romano, el senado americano no se corresponde con el senado romano. Precisamente, las funciones que éste tenía le fueron dadas por la Constitución al Poder Judicial.

[146] Una forma de garantizar esta independencia fue eliminar la rotación en los cargos, otra novedad importante.

nueva doctrina adquirió mucha mayor importancia al establecer (cuando los problemas se mostraron diferentes a los previstos) que los tres poderes debían estar separados y distinguidos uno del otro, de una vez y para siempre, con funciones y controles mutuos. La doctrina, enunciada de esta forma, fue aceptada por los dos partidos, tanto por los constitucionalistas (o federalistas) como por sus opositores, y el debate quedó restringido al alcance que debía tener.

Esta distribución del poder fue la justificación para las formas constitucionales propuestas por los republicanos. Además del Poder Legislativo y del Ejecutivo, creó un Poder Judicial independiente, que integraba, juntamente con los otros poderes, un gobierno bien constituido y daba sentido al constitucionalismo mismo, de acuerdo con la definición de Ten, de acuerdo con la cual el constitucionalismo usualmente se refiere a los instrumentos y procedimientos constitucionales específicos, tales como la separación de poderes, la independencia judicial, el debido proceso y el respeto a los derechos individuales, que son parte constitutiva de un sistema democrático liberal de gobierno[147]. La Legislatura dejaría de ejercer funciones judiciales, porque había que evitar que quien hiciera la ley, también la interpretara.

La nueva definición de la separación de los poderes benefició especialmente al Poder Judicial, que había sido ignorado por la supremacía legislativa. La experiencia posterior confirmó a los jueces como uno de los tres poderes capitales del gobierno, ratificando lo acertado de la construcción constitucional.

El tema de la representación se hizo presente, cuando surgió la pregunta sobre si los tres órganos del gobierno eran igualmente representativos del pueblo. Contrariando la posición inicial a favor de la Legislatura, se afirmó que no había ninguna distinción esencial entre la cámara de representantes y los otros órganos del gobierno. Todos eran derivados del pueblo y establecidos para beneficio del mismo: cada persona en

---

[147] Ten, C.L.: "Constitutionalism and the pile of law", en *A companion...*, pág. 394: *"Constitutionalism usually refers to specific constitutional devices and procedures, such as the separation of powers between the legislative, the executive and the judiciary, the independence of judiciary, due process...and respect for individual rights, which are partly constitutive of a liberal democratic system of government"*

funciones que recibía algún poder, debía sentir que era un servidor público. Ackerman encuentra ambos argumentos explícitamente expuestos en *El Federalista*. El pueblo sólo podía ser representado por medio de un texto escrito, que era la Constitución, y en ella *"la separación de los poderes actúa como una máquina compleja que alienta a cada funcionario a preguntarse hasta qué punto, otros funcionarios constitucionales están representando debidamente los verdaderos deseos políticos del pueblo"*[148]. Los tres poderes, Ejecutivo, Legislativo y Judicial, fueron considerados como ramas iguales del gobierno. De esta posición surgieron importantes implicaciones que sirvieron para articular un sistema.

La separación de poderes, tal como quedó estructurada, no es absoluta, sino que comprende sólo a las funciones específicas, la forma de elección y de desempeño de sus mandatos. Existen facultades para un control recíproco y para la defensa de las capacidades específicas que la Constitución otorga a cada uno de los poderes, que se conoce constitucionalmente como *checks and balances*.

La función de la separación de poderes tenía como objetivo la garantía de los derechos individuales y fue la fórmula por la que optó Madison, mientras que en Francia, donde la mayoría no fue discutida[149], esta garantía vino dada por la Declaración de los Derechos del Hombre. Como bien observó Waldron, Madison optó por los controles y contrapesos y la separación de poderes más que por una Declaración de Derechos, en cualquier forma o modelo[150].

c) El control de constitucionalidad

Por más importante que sea la construcción de la Constitución como una ley fundamental superior a la legislación ordinaria en el constitucionalismo americano, no es ésa la fuente más importante de las restricciones constitucionales americanas al Poder Legislativo. Lo que en el análisis final le da

---

[148] Ackerman, Bruce, op. citada, pág. 192.

[149] Así, Siéyes había sostenido: *"Nous avons demontré la nécessite de ne reconnaitre la volonté que dans l'avis de la pluralité. Cette maxime est incontestable"* y la idea fue recogida por la Constitution de l'an III: *"La loi est la volonté general, exprime par la majorité ou de citoyens ou de leur représentants"* (cfr. Kendall, pág. 15).

[150] Waldron, Jeremy, op. citada, pág. 404: *"Madison opted for checks and balances and the separation of powers rather than a Bill of Rights in any shape or form"*.

sentido a la concepción americana de una constitución, no es que sea fundamental ni que sea creada por el pueblo, sino que su implementación esté en las cortes de justicia. En estos términos plantea Wood la importancia del control de constitucionalidad[151].

Efectivamente, si la supremacía de la Constitución es aceptada, tanto en la superioridad frente a la legislación ordinaria como en la perduración en el tiempo pese a las mayorías circunstanciales, la siguiente pregunta es: ¿a cargo de quién está el control de esta supremacía? La Constitución americana ha dado una respuesta a esa pregunta: a cargo de los jueces, como control judicial o *judicial review*. Tal como dice Wood, ésa es la peculiaridad del constitucionalismo americano.

Por la forma en que ese control fue articulado cumplió con el objetivo de preservar la Constitución en el tiempo, por un lado, y de limitar a las mayorías, por el otro. La *judicial review* se conecta con el valor del acto fundacional como factor legitimante de la Constitución y, a su vez, deriva su propia autoridad de la misma. Mantenerse en la línea de preservación de la Constitución liga al Poder Judicial con el origen fundacional.

Previo a la Constitución de 1787 se produjeron intentos de algunos de los poderes judiciales estaduales para imponer restricciones a las legislaturas locales. Pero estos intentos judiciales para declarar la nulidad de la ley emanada de poderes legislativos tuvieron muchas dificultades para ser aceptados o justificados. La declaración de una ley como inconstitucional e inválida por parte de un juez parecía contradictoria con el gobierno popular libre, y aunque la desconfianza hacia las legislaturas era notoria, provocaba un debate incómodo, porque los jueces tampoco tenían el prestigio suficiente para avalar esa función. Darle la autoridad de declarar nula una ley iba directamente contra la teoría de la soberanía legislativa. El temor americano a la discrecionalidad judicial en 1787, permitió sostener que un poder de esa naturaleza *no existe y es impensable*.

---

[151] Wood, Gordon, op. citada, pág. 291: *"Important as this development of the construction as a fundamental law superior to ordinary legislative acts was to American constitutionalism, it ultimately was not the most important source of the peculiarly effective nature of American constitutional restrictions on legislative power. What in the final analysis gave meaning to the American's conception of a constitution was not its fundamentality or its creation by the people, but rather its implementation in the ordinary courts of law".*

El primer paso fue la admisión para casos de *irrazonabilidad*, interpretando que ésta provenía de una falta de previsión por parte de la Legislatura sobre las consecuencias de la ley dictada, aunque esto no se consideró como un control sobre el congreso. Varnum aportó un argumento importante para el control judicial y partió de la distinción entre la Constitución como ley fundamental y la ley ordinaria. La Legislatura no podía dictar una ley contraria a los principios de la Constitución, no sólo porque fuese injusta, sino porque los principios de la Constitución estaban ordenados por un pueblo anterior, que había creado los poderes de la Legislatura. Coincidió con Iredell en negar que una decisión judicial fuera una usurpación, que reemplazaba a la ley de la Legislatura con la decisión de tres hombres en la Corte. Esta facultad sólo podría ser ejercida por el pueblo mismo, a través de las elecciones.

La defensa de una decisión judicial invalidando una ley de la Legislatura seguía una argumentación diferente, que ambos exponían de la siguiente manera: los jueces son funcionarios que deben aplicar la ley apropiada y cuando enfrentan una discrepancia entre la ley del Congreso y la Constitución tienen que decidir entre ambas, decisión que es insoslayable para un juez[152]. Al tener que elegir entre ambas, se limitaban a aplicar la de nivel superior.

Hamilton fue quien sentó las bases para fundamentar ese control, a lo largo de varios ensayos de *El Federalista,* especialmente en el ensayo LXXVIII, que explica los fundamentos de la estructura del Poder Judicial conformada por la Constitución a ratificar. Hamilton partió del concepto de Constitución limitada (como aquella que contiene prohibiciones a las facultades del Congreso) y la completa independencia del Poder Judicial como esencial para limitar al Poder Legislativo. Dice Hamilton que las limitaciones de este tipo no pueden ser preservadas en la práctica de ninguna otra manera que a través de los tribunales de justicia, cuyo deber debe ser declarar nulo todo acto contrario al manifiesto tenor de la Constitución. Sin esto, todo derecho particular o privilegio queda reducido a la nada".

Esta facultad no implica superioridad del Poder Judicial sobre el Legislativo. Sólo significa que el poder del pueblo es superior a ambos y

---

[152] Este argumento queda reflejado en la característica de la *judicial review,* que requiere que la declaración de nulidad se produzca en un caso judicial concreto, sometido a los jueces.

que donde la voluntad de la Legislatura, declarada en sus leyes, se halla en oposición a la ley del pueblo, declarada en la Constitución, los jueces deberán gobernarse por la última, con preferencia a la primera, como explica el ensayo LXXVIII. Para hacer claro este concepto, Hamilton desarrolló la doctrina misma de la supremacía constitucional. No hay ninguna situación que dependa de un principio más claro que el hecho de que cada acto de una autoridad delegada, contraria a la función para la cual es ejercida, es nulo.

Por lo tanto, ningún acto legislativo contrario a la Constitución puede ser válido[153].

Distintas expresiones tienden a ratificar esta identificación entre el pueblo y la Constitución, tal como ya estaba en la idea de Madison. Al separar al pueblo de sus representantes, la supremacía constitucional limita a estos últimos en nombre del primero. Se ve, por ejemplo, en la concepción de Ackerman sobre la existencia de dos momentos: el constitucional, que corresponde al pueblo, y el ordinario, que queda en manos de los representantes. El respeto a la Constitución es priorizar la voluntad del pueblo, y de ahí la importancia del Derecho Constitucional, porque bajo esta premisa, la supremacía constitucional sería no sólo compatible, sino necesaria para la democracia. Jean Hampton lo ha expresado diciendo que las democracias modernas operan de tal manera que el pueblo tiene un control continuo sobre el proceso de crear y mantener el sistema[154].

Con esta concepción, *El Federalista* proponía la supremacía constitucional como medio para consolidar las realizaciones revolucionarias del pueblo, siendo que la supremacía no supone inmutabilidad. El camino a la decisión extraordinaria del pueblo es el de la reforma constitucional, cuyo procedimiento dificultado la hace más consistente que las mayorías circunstanciales.

La representación es el elemento que marca la diferencia para entender el problema. Como dice Ackerman, el secreto es *representación*: el represen-

---

[153] Idem, pág. 492: *"There is no position which depends on clearer principle than that every act of a delegate authority, contrary to the tenor of the commission under which it is exercised, is void. No legislative act, therefore, contrary to the Constitution, can be valid".*
[154] Hampton, Jean, op. citada, pág. 391: *"Modern democracies operate so that people have continual control over the process of creating and maintaining the regime".*

tante no es el pueblo. Esta diferencia entre el pueblo y sus representantes —a la cual me he referido antes— ha sido observada reiteradamente. Casalmiglia pregunta al respecto si en las modernas teorías de la democracia, la representación juega un rol secundario en otorgar la justificación. Pero la pregunta se mantiene: ¿hay diferencia entre el pueblo y sus representantes? ¿Es la soberanía popular la fuente última de poder y el fundamento de la legitimidad del poder de la democracia?[155]

Hay una separación entre la voluntad de los representantes del pueblo y la de sus electores, que no puede ser sustituida por aquélla. Entre ellos, el Poder Judicial es un mediador, un cuerpo intermedio, cuya finalidad es mantener a la Legislatura dentro de los límites asignados por la Constitución a su autoridad. Quedan asentados los dos principios fundamentales de la supremacía constitucional: a) la interpretación de las leyes es propia y peculiarmente de la incumbencia de los tribunales y b) una constitución es de hecho una ley fundamental, y así debe ser considerada por los jueces. Cuando hay una discrepancia entre una ley común y esta ley fundamental, los jueces deben preferir a ésta, porque es la intención del pueblo contra la intención de sus representantes. *"Nor does this conclusion by any means suppose a superiority of the judicial to the legislative power. It only supposes that the power of the people is superior to both; and that where the will of the legislature, declared in its statutes, stands in position to that of the people, declared in the Constitution, the judges ought to be governed by latter rather than the former. They ought to regulate their decisions by the fundamental laws, rather than by those which are no fundamental"*[156]. Así, Hamilton no sólo establecía la supremacía constitucional, sino que ponía

---

[155] Casalmiglia, Alberto: "Constitutionalism and Democracy", en *Deliberative Democracy and Human Rights*, Yale University Press, 1989, pág. 137: *"In modern theories of democracy, representation plays a secondary role in providing justification. But the questions still remain: ¿Is there a difference between the people and their representatives? ¿Is popular sovereignty the ultimate source of power and the foundation of the legitimacy of the power of democracy?"*.

[156] *El Federalista*, pág. 492: "Tampoco esta conclusión supone la superioridad del Poder Judicial sobre el Poder Legislativo. Sólo supone que el poder del pueblo es superior a ambos, y que donde la voluntad de la Legislatura, declarada en leyes, enfrenta a la posición del pueblo, declarada en la Constitución, los jueces deben estar obligados por este último más que por la primera. Ellos deben adoptar sus decisiones ajustadas a las leyes fundamentales más que a aquellas que no son fundamentales" (T. del autor).

la facultad de vigilar esta supremacía en manos del Poder Judicial, el cual por la naturaleza de sus funciones será siempre *"the least dangerous to the political rights of the Constitution"*[157].

El gobierno querido por los americanos estaba descrito por la doctrina de la separación de poderes. Si los poderes del gobierno debían estar limitados, la mejor solución requería que fuese el departamento más débil de los tres en que se dividía el gobierno, el que pudiese defender su independencia contra los otros departamentos. Al decir de Hamilton, *the least dangerous branch,* el organismo sin poder, pero custodio de la autoridad de los fundadores. Si los gobiernos estaban limitados, el Poder Judicial debía defender la Constitución, que establecía las limitaciones, contra las violaciones de los otros departamentos, particularmente del Congreso.

En el ensayo LXXVIII estuvo sentada la base de la *judicial review,* a través del desarrollo doctrinario y conceptual que Hamilton desplegó. Las ideas que hicieron posible esta forma de control están resumidas y ordenadas en este ensayo, y se correspondían con el pensamiento colonial. La Constitución como ley fundamental era la voluntad del pueblo y la limitación a sus representantes en el Congreso. Los tribunales de justicia han de ser considerados, de acuerdo con Hamilton, los baluartes de una Constitución limitada, en contra de las usurpaciones legislativas.

---

[157] Esta frase ha sido muy frecuentemente usada y es el título de un libro clásico en el tema, Alexander Bickel, *The least dangerous Branch.*

IX
CONCLUSIONES

Todo sistema constitucional legítimo parte de considerar la supremacía de la Constitución, considerada como una norma fundamental de la sociedad que se encuentra por sobre la legislación ordinaria. Los tres problemas básicos que este esquema propone y que hemos planteado en la introducción son los siguientes:

1. Control de las mayorías, propias del sistema democrático, expresadas por el Poder Legislativo.

2. La sujeción de las generaciones posteriores al texto de una constitución.

3. Quién está a cargo de ese control de constitucionalidad.

El sistema americano ha dado respuesta a los tres interrogantes. Lo que el trabajo intenta es exponer las ideas filosóficas que sirven de fundamento a las respuestas del constitucionalismo americano. Como punto de partida, del cotejo con las del control de constitucionalidad elegido por el constitucionalismo francés estatuido por la Revolución de 1789, que difiere notablemente de aquél, surge la diferencia con las concepciones con la revolución americana, referidas a cuatro temas básicos: a) la naturaleza del hombre; b) la idea de igualdad y libertad; c) el absolutismo y d) la distinción entre poder y autoridad. Esta diferencia en el pensamiento, ahondada por las diferencias de circunstancias que enfrentaron, justifica que los sistemas adoptados por cada una sean tan divergentes y sirve como aproximación a los fundamentos buscados en la revolución americana.

Las ideas en juego durante la revolución americana han sido diversas y no siempre muy claras. Asimismo, el período en el cual se produce esta revolución abarca dos décadas durante las cuales esas ideas han tenido una fuerte evolución. Dos corrientes principales aparecen oponiéndose en el momento de dictar la Constitución vigente. Pero lo que importa estudiar como ideología vigente son las que terminan por imponerse al ser ratificada la Constitución en 1788 y acatada en forma inmediata por todo el pueblo americano.

La revolución americana se nutrió de las ideas de Locke y Harrington sobre el concepto de sociedad, la naturaleza del hombre y la soberanía del pueblo. Estos conceptos difieren notablemente de los que manejó la Revolución Francesa, basados en Rousseau y Sièyes. Para el pensamiento francés, el pueblo es uno e indivisible. Para el pensamiento americano, el pueblo se compone de mayorías y minorías.

Los colonos americanos tuvieron una percepción muy clara de su carácter de fundadores y originadores de un cuerpo político, sobre la base de los pactos celebrados en el Nuevo Mundo. Ese carácter de fundadores le dio legitimidad a su gestión y le confirió autoridad a la Constitución, producto de su acción revolucionaria.

Cabe responder a la pregunta de por qué las generaciones futuras se encuentran sometidas a una norma fundamental de la que no participaron, situación que Jefferson combatió con energía. La justificación filosófica encuentra su base en Locke, en lo que respecta al cumplimiento de los pactos, que son la base de toda convivencia en sociedad, y en el carácter original de la sociedad americana. También esta faceta del control de constitucionalidad se ve atemperada por la posibilidad de la reforma constitucional, de acuerdo con los procedimientos que la misma establece.

Las ideas filosóficas se dieron bajo circunstancias disímiles en ambas revoluciones y con diferentes experiencias de gobierno. Al momento de dictar la Constitución americana, los colonos enfrentaron como algo inédito una desconfianza generalizada hacia el Poder Legislativo, representante de la mayoría, mientras que en Francia la Asamblea era sinónimo de poder supremo y soberanía. De lo que se trataba en América no era de defender a una mayoría gobernada por unos pocos, sino precisamente de garantizar a las minorías el ejercicio de sus derechos privados de los abusos de la mayoría. Esta circunstancia pudo superarse mediante una reformulación del principio de separación de los poderes, de Montesquieu, cuyas ideas pesaban en América y no en Francia. Así, el Poder Legislativo, representante de la mayoría, perdió su primacía y se colocó a la par de las otras dos ramas del gobierno. Encontraron así una forma mixta de gobierno que garantizó la estabilidad del sistema, mediante la limitación a la mayoría. La protección a las minorías se puede rastrear, pese a algunas ambigüedades y contradicciones, en el resguardo a la propiedad privada, postulado tanto por Locke como por Harrington.

La concepción de una sociedad compuesta por mayoría y minorías, donde la mayoría podía transformarse en opresora de las minorías, como había demostrado la experiencia revolucionaria, dio justificación al segundo interrogante. Esta facultad de declarar nulas las leyes emanadas por el Congreso se ve atemperada por las formas requeridas por esta declaración, así como por sus efectos: deben producirse en litigios judiciales y sus efectos se reducen a ese caso concreto. No hay una nulidad universal de la ley en cuestión. Asimismo, todas las teorías interpretativistas han tendido a esclarecer las facultades que les asisten a los jueces en el ejercicio de ese control.

Emanado de la Constitución, el Poder Judicial representaba la autoridad, pero sin poder efectivo, lo que lo hizo el cuerpo ideal para mantener la vigencia de esa Constitución, pese a las mayorías circunstanciales representadas por el Congreso. Enunciada la doctrina por Hamilton y Madison, el fallo *Marbury vs. Madison* determinó definitivamente que el control de constitucionalidad sería judicial, decisión que fue acatada ininterrumpidamente.

De forma que el control judicial de constitucionalidad o *judicial review* se encuentra enraizado en las ideas propias de las fuentes y circunstancias de la revolución americana. Si la preservación de la libertad individual y la estabilidad del gobierno a crear eran los objetivos, la Constitución se transformó en el instrumento ideal. Para ello, su supremacía y permanencia debían ser garantizadas, contra la mayoría circunstancial y contra las generaciones futuras.

Pudo lograrse porque se dio una secuencia lógica, donde Montesquieu aportó los mecanismos institucionales:

a) La extensión territorial planteó la necesidad de la representación, presente en las ideas de Montesquieu.

b) La delegación de facultades permitió aplicar la doctrina de la separación de poderes.

c) La preservación de la Constitución fue puesta en manos del más adecuado de los poderes constituidos, que funcionó como mediador entre la voluntad del pueblo, expresada en la Constitución, y la voluntad de los representantes, expresada en las leyes ordinarias.

El control judicial de constitucionalidad creado por el sistema americano, el gran aporte de EE.UU. al constitucionalismo, y para algunos el único, está ampliamente enraizado en las ideas filosóficas coloniales que prevalecieron al final de la revolución americana, como también en las audaces reinterpretaciones de otras doctrinas que llevaron a cabo. El acierto de esa construcción está dado por el unánime consenso que recogió y el buen éxito que muestra un sistema de inusual estabilidad y perdurabilidad, tal como se propusieron crear.

X
BIBLIOGRAFÍA

a) Fuentes originales

ARISTÓTELES. *Politics,* The University of Chicago, 1952.

BURKE, EDMUND. *Reflexiones sobre la Revolución Francesa y otros ensayos,* Ediciones Dictio, Buenos Aires, 1980.

HAMILTON, ALEXANDER, *y* MADISON, JAMES. *The Federalist,* Harvard

University, Barnes y Noble, 1996.

HARRINGTON, JAMES. *The commonwealth of Oceana and A System of Politics,* Cambridge University Press, 1992.

LOCKE, JOHN. *A letter concerning Toleration,* Prometeus Books, Nueva York, 1990.

LOCICE, JOHN. *Concerning Civil Government, Second Essay,* The University of Chicago, 1952.

MONTESQUIEU. *Del espíritu de las leyes,* Altaya, Barcelona, 1993. PAINE, THOMAS. *Common Sense.*

PAINE, THOMAS. *Los derechos del hombre,* Biblioteca de Ciencias Sociales, Orbis, Buenos Aires, 1954.

PLATÓN. *Crito,* The University of Chicago, 1952.

ROUSSEAU, JEAN JACQUES. *El contrato social,* Altaya, Barcelona, 1993.

SIÉYES, EMMANUEL. *¿Qué es el tercer Estado?,* Centro de Estudios Constitucionales, Madrid, 1988.

STEELE COMMAGER, HENRY. *Documents of American History,* Columbia University, Fifth Ed. 1949.

VATTEL, EMMERICH DE. *El Derecho de Gentes o principios de la Ley Natural,* Madrid, 1834.

b) Estudios críticos

ACKERMAN, BRUCE y otros. *Fundamentos y alcances del Control Judicial de Constitucionalidad,* Centro de Estudios Constitucionales, Madrid, 1991.

ACKERMAN, BRUCE. "¿,Un neofederalismo?", en *Constitucionalismo y Democracia*, Fondo de Cultura Económica, México, 1999.

ARENDT, HANNAH. *Sobre la revolución*, Alianza Editorial, Madrid, 1988.

BAILYN, BERNARD. *The ideological Origins of the American Revolution*, Harvard University Press, 1992.

BALOG, FRANK. "The Scottish Enlightenment and the liberal political tradition", en *Confronting the Constitution.*

BLOOM, ADAM. "Rousseau—the turning point", en *Confronting the Constitution.*

BLOOM, ALAN y otros. *Confronting the Constitution. The challenge to Locke, Jefferson and The Federalist...* American Enterprise Institute, Washington, 1990.

BOBBIO, NORBERTO. *La teoría de las formas de gobierno en la historia del pensamiento político*, FCE, México, 1996.

CASALMIGLIA, ALBERTO. *Constitutionalism and Democracy*, Yale University Press, Ne'w Haven, 1996.

COBAN, ALFRED. *Aspects of the French Revolution*, Paladin, London, 1971.

COOPER, JAMES FENIMORE. *The American Democrat*, Liberty Classics, Nueva York, 1959.

DAHL, ROBERT. *A preface to democratic theory*, The University of Chicago Press, 1956.

DUNN, JOHN y otros. *Democracia. El viaje inacabado*, Tusquets editores, Madrid, 1995.

DUNN, SUSAN. *Sister Revolutions*, Faber and Faber, Nueva York, 1999.

DWORKIN, RONALD. *The moral reading and the Majoritarian Premise*, Yale University Press, New Haven, 1996.

ELSTER, JON Y SLAGSTAD, RUNE. *Constitucionalismo y Democracia*, Fondo de Cultura Económica, México, 1999.

ELY, JOHN HART. *Democracy and Distrust*, Harvard University Press, 1980.

EPSTEIN, DAVID. "The political Theory of the Constitution", en *Confronting the Constitution.*

FERRERES COMELLA, Víctor. *Justicia Constitucional y Democracia*, Centro de Estudios Políticos y Constitucionales, Madrid, 1977.

FURET, FRANGOIS. *Pensar la Revolución Francesa*, Petrel, Barcelona, 1980.

GUTMAN, AMY. "Democracy", en *A Companion to Contemporary Political Philosophy*, Blackwell Publishers, Cambridge, 1995.'

HAMPTON, JEAN. "Contract and Consent", en *A Companion to Contemporary Political Philosophy*, Blackwell Publishers, Cambridge, 1995.

HARTZ, LOUIS. *La tradición liberal en los Estados Unidos*, FCE, México, 1991.

HAZARD, PAUL. *El pensamiento europeo en el siglo XVIII*, Alianza Universidad, Madrid, 1991.

HOLMES, STEPHEN. *El precompromiso y la paradoja de la democracia en Constitucionalismo y Democracia*, Fondo de Cultura Económica, México, 1999.

LERNER, RALPH. *Jeffersons's pulse of Republican Reformation*, en Confronting the Constitution.

MICHELMAN, FRANK. *Brennan and Democracy*, Princeton University Press, 1999.

PANGLE, THOMAS. "The Philosophic Understanding of Human Nature informing the Constitution", en *Confronting the Constitution*.

PETTIT, PHILIP. *Republicanism. A theory of Freedom and Government*, Oxford University Press, 1999.

PococK, J. G. A. *The machiavellian moment. Florentine political thought and the Atlantic Republican Tradition*, Princeton University Press, 1975.

POCOCK, J. G. A. *Conceptual Change and the Constitution*, University Press of Kansas, 1988.

ROSSITER, CLINTON. *The first American Revolution. The American Colonies on the Eve of Independence*, HBJ Books, Nueva York, 1984.

SOBOUL, ALBERT. *Comprender la revolución.*

SUNSTEIN, CASS. "Constituciones y Democracia. epílogo", en *Constitucionalismo y Democracia*, Fondo de Cultura Económica, México, 1999.

TEN, C. L. "Constitutionalism and the role of Law", en *A Companion to Contemporary Political Philosophy*, Blackwell Publishers, Cambridge, 1995.

VARELA SUANZES, JOAQUÍN. *La soberanía en la doctrina británica (De Bracton a Dicey). Fundamentos: Soberanía y Constitución*, Junta General del Principado de Asturias, 1999.

WALDRON, JEREMY. *Liberal Rights*, Cambridge University Press, Berkeley, 1998.

WOOD, GORDON. *The creation of the American Republic*, University of North Carolina, 1969.

WOOD, GORDON. *The Origins of Judicial Review,* Suffolk University Law Review, Vol. XXII, 1988.

WOOD, GORDON. *The Origins of Judicial Review revisited or how the Marshall Court made me out of less,* Washington and Lee Law review, Summer 1999, Rev.787.

ÍNDICE

Fondo Editorial del IID

www.ingramcontent.com/pod-product-compliance
Lightning Source LLC
Chambersburg PA
CBHW051808170526
45167CB00005B/1930

* 9 7 8 1 4 9 7 5 3 0 0 3 4 *